Das Zahlenbuch 1

von Erich Ch. Wittmann, Gerhard N. Müller,
Marcus Nührenbörger und Ralph Schwarzkopf

Bearbeitung der Ausgabe 2021:
Marcus Nührenbörger, Ralph Schwarzkopf,
Melanie Bischoff, Daniela Götze, Birgit Heß

Unter Beratung von
Antje Born, Kathrin Ettner, Elisabeth Gaigl,
Jeannette Heißler, Ina Herklotz, Gabriele Klenk,
Erika Pfeffer, Carsten Stranz, Ingrid Weigand

Ernst Klett Verlag
Stuttgart · Leipzig · Dortmund

Inhalt

Entwicklung des Zahlbegriffs
		AH
▪ Zählen und Spielen	4	
▪ Zahlen in der Schule	6	3
▪ Zahlen bis 10	8	5
▪ Zahlen am Körper	10	9
▪ Muster legen	12	10
▪ Zahlen schnell sehen ↯ Wie viele?	14	11
▪ Zehnerfelder	16	12
▪ Kraft der 5 ↯ Kraft der 5	18	13
▪ Immer 5 – immer 10 ↯ Immer 10	22	15
▪ Zahlen zerlegen ↯ Zerlegen	24	16
▪ Rückblick	26	18
▪ Forschen und Finden: Plättchen werfen	27	19

Mit Zahlen spielen
▪ Anzahlen vergleichen	28	20
▪ Zahlenfolgen erkunden	30	22

Orientierung im Zwanzigerraum
▪ Zahlen bis 20	32	23
▪ Das Zwanzigerfeld	34	25
▪ Immer 10 – immer 20 ↯ Immer 20	36	26
▪ Die Zwanzigerreihe ↯ Zahlenreihe	38	27
▪ Immer der Reihe nach	40	28
▪ Kleiner, größer, gleich	42	29
▪ Rückblick	44	30
▪ Forschen und Finden: Rot gegen Blau	45	31

Formen
▪ Formen in der Umwelt	46	32
▪ Muster legen	48	33
▪ Falten und Schneiden	50	

Geldwerte
		AH
▪ Münzen und Scheine	52	34

Einführung der Plusaufgaben
▪ Plusaufgaben in der Umwelt	54	35
▪ Plusaufgaben am Zwanzigerfeld	56	37
▪ Verdoppeln ↯ Verdoppeln	58	39
▪ Einfache Plusaufgaben	60	40
▪ Schwierige Plusaufgaben	64	42
▪ Verwandte Aufgaben	66	
▪ Rückblick	68	44
▪ Forschen und Finden: Schöne Päckchen	69	45

Formen
▪ Figuren legen	70	46
▪ Ornamente	72	47
▪ Spiegeln	74	48

Einführung der Minusaufgaben
▪ Minusaufgaben in der Umwelt	76	49
▪ Minusaufgaben am Zwanzigerfeld	78	51
▪ Plus und Minus: Umkehraufgaben	80	52
▪ Einfache Minusaufgaben	82	53
▪ Schwierige Minusaufgaben	86	55
▪ Verwandte Aufgaben	88	
▪ Rückblick	90	57
▪ Forschen und Finden: Schöne Päckchen	91	58

Längen
▪ Meter und Zentimeter	92	59

Plus und Minus

			AH
■	Erzählen und Rechnen	94	60
■	Plus und Minus	96	62
■	Umkehr- und Tauschaufgaben	98	63
■	Legen und Überlegen	100	65
■	Ergänzen und Wegnehmen	102	66
■	Rechendreiecke	104	67
■	Rückblick	106	68
⚡	Forschen und Finden: Zahlenraupen	107	69

Geldwerte

■	Mit Geld rechnen	108	70

Zahlen und Aufgaben vergleichen

■	Gleichungen und Ungleichungen	112	72
■	Die Einspluseins-Tafel	114	73
■	Zahlenmauern	118	75
■	Halbieren: Gerade und ungerade	120	76
⚡	Zahlen Halbieren		
■	Plusaufgaben mit gleichen Zahlen		
⚡	Zählen in Schritten	122	
■	Mini-Einmaleins		
■	Rückblick	124	77
⚡	Forschen und Finden: Zahlenmauern	125	78

Pläne

■	Sitzpläne	126	79
■ ■	Straßenpläne: Eckenhausen	128	80

Sachrechnen

			AH
■	Rechengeschichten	130	81

Zeit

■	Tages- und Uhrzeiten	132	82
■	Stunden und Minuten	134	83

Ausblick in das 2. Schuljahr

■	Alle Münzen	136	84
■	Zehner und Einer	138	85

Miniprojekte

■	Bald ist Weihnachten	140	87
■	Bald ist Ostern	142	

Symbole

Ausgewiesene inhaltsbezogene Kompetenzbereiche:
- ■ Zahlen und Operationen
- ■ Raum und Form
- ■ Größen und Messen
- ■ Daten und Zufall

- ⚡ Blitzrechnen
- AH weist auf Seiten im Arbeitsheft hin.

Ausgewiesene prozessbezogene Kompetenzbereiche:
- P Probleme lösen
- K Kommunizieren
- A Argumentieren
- M Modellieren
- D Darstellungen verwenden

Entwicklung des Zahlbegriffs

2 Welche Zahlen kennst du?

1 Die Anzahlen bestimmen und jeweils Anzahlbild dem passenden Würfelbild zuordnen. 2 Kinder notieren bereits bekannte Zahlen und evtl. Aufgaben. Lehrperson erhält Informationen zum Vorwissen.

(K, D)

4

Zählen und Spielen

Räuber und Goldschatz

○ **3**

○ **4**

3 Erfahrungen zur Zahlenreihe und zum Zufall sammeln. Würfelspiel: Spielfigur „Schatz" startet auf 10, der Plusräuber beginnt. Durch abwechselndes Würfeln und Ziehen den Schatz in die eigene Höhle bringen. Die Kenntnis der Zahlenreihe ist für das Spiel nicht notwendig. **4** Beziehungen zwischen Würfelbildern und Fingerbildern herstellen.

(K, D)

Zahlen in der Schule

○ **1**

✼ **2** Meine Klasse: Wie viele sind es?

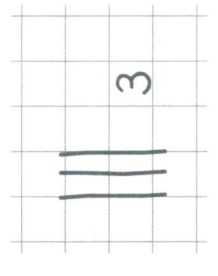
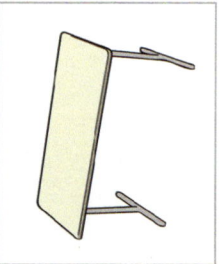

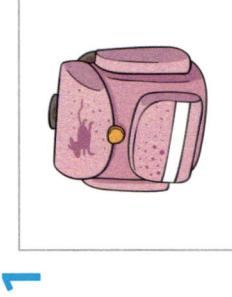

Erzählen und Zählen zum Klassenbild, dabei Vorwissen der Kinder bezüglich ihrer Zählkompetenzen erfassen. **1** Gegenstände und Zählen zum Klassenbild, dabei Vorwissen der Kinder bezüglich ihrer Zählkompetenzen erfassen. **1** Gegenstände bzw. Kinder suchen und zählen. Anzahl in Form von Ziffern oder einzelnen Strichen notieren. **2** Zählen in der eigenen Klasse: Kinder erkunden den neuen Klassenraum, zählen Gegenstände und zeichnen sie auf.

■ (K, D)   → Arbeitsheft, Seite 3

○ **3** Erzähle. Wovon sind es mehr?

○ **4** Wovon sind es mehr?

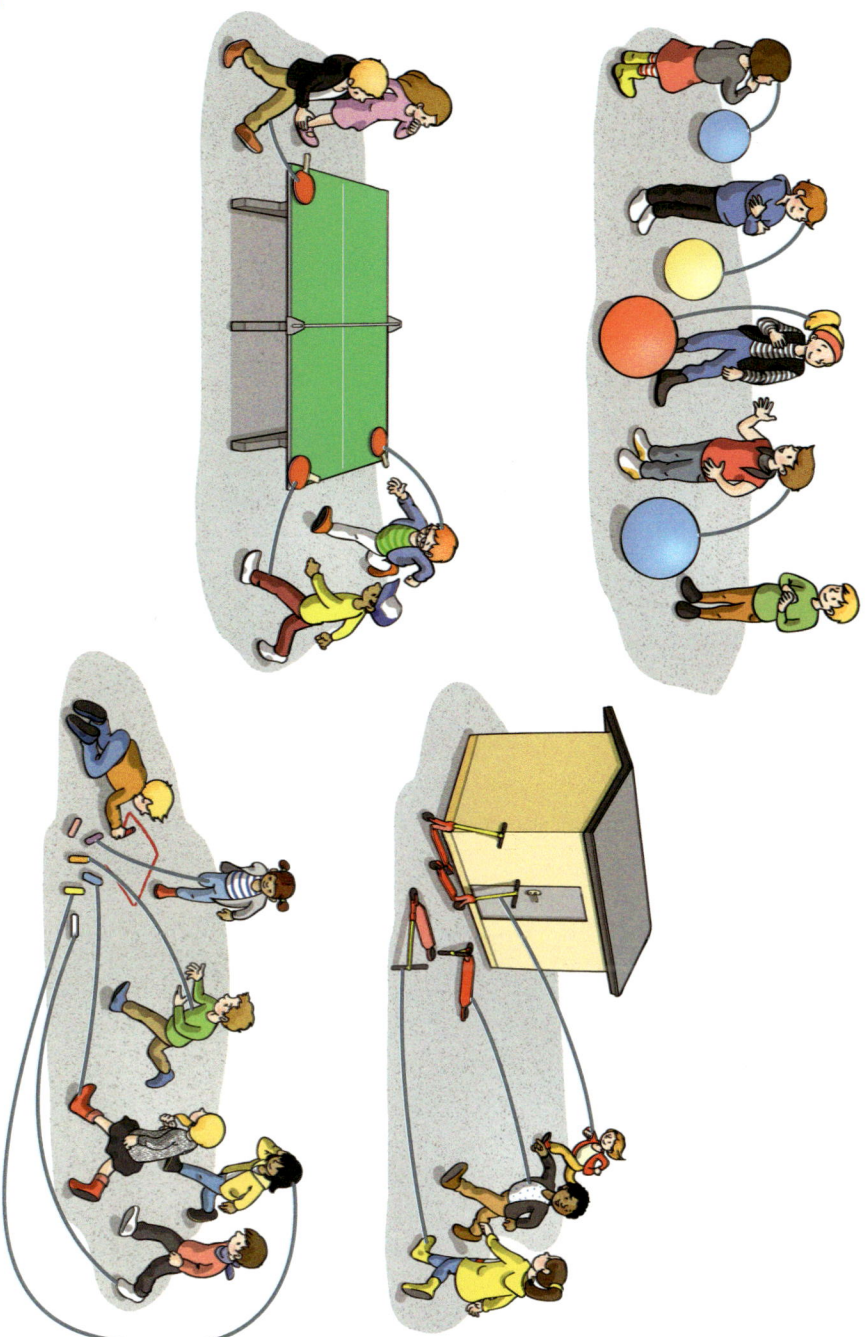

✽ **5** Wovon sind es mehr? Male.

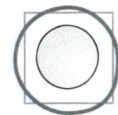 

  gleich viele

3 Gespräch zum Bild „Wovon sind es mehr?" Anzahlen durch 1:1-Zuordnung vergleichen. Begriffe mehr, weniger, gleich viel besprechen und visualisieren. **4** Mengen vergleichen, größere Menge bestimmen. **5** Passende Mengen aufzeichnen und präsentieren.

■ (K, A, D) → Arbeitsheft, Seite 4

Zahlen bis 10

1

2

3

1, 4 Erzählen zum Bild, Zuordnung Zahl und Zahlmenge, mündliches Ergänzen der fehlenden Gegenstände. **2, 5** Hände und strukturierte Plättchendarstellung am Zehnerfeld den passenden Zahlen zuordnen. **3, 6** Hier möglicher Beginn des Ziffernschreibkurses, Vorgehensweise gemeinsam einführen. Erst bei sicherer Beherrschung der Vorgehensweisen Kinder

(K, D) → Arbeitsheft, Seiten 5 – 8

4

5

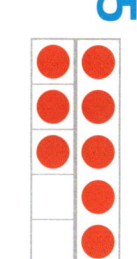 6

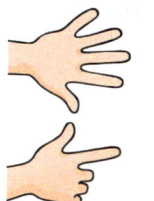 7

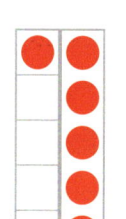 8

 9

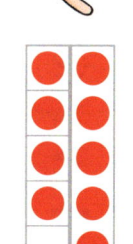 10

*6

  6

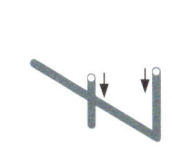 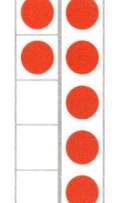 7

 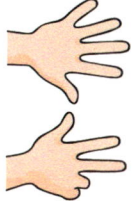 8

 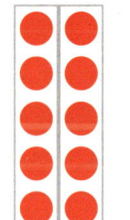 9

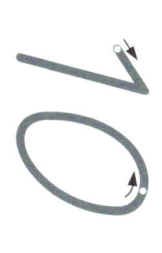  10

Zahlen am Körper

Sag mir doch, wo hast du eins?
Eine Nase hab ich,
einen Mund dazu,
habe einen Kopf,
schau, den hast auch du.

Sag mir doch, wo hast du zwei?
Zum Hören zwei Ohren,
zum Schauen zwei Augen,
zum Greifen zwei Hände,
zum Laufen zwei Beine,
zwei Füße dazu, genauso wie du.

Sag mir doch, wo hast du fünf?
Oh, das sag ich dir geschwind.
An jeder Hand fünf Finger sind,
an jedem Fuß fünf Zehen sind,
das weiß doch jedes kleine Kind.

1 Wie viele sind es?

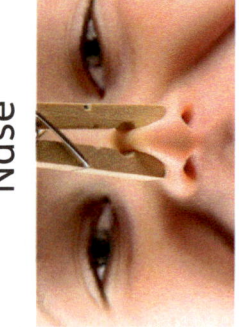 Nase

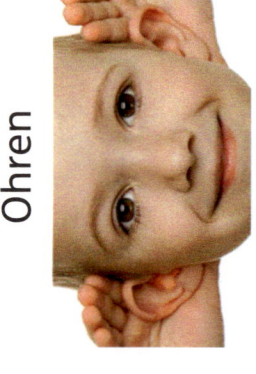 Ohren

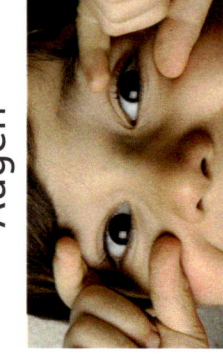 Augen

 Finger

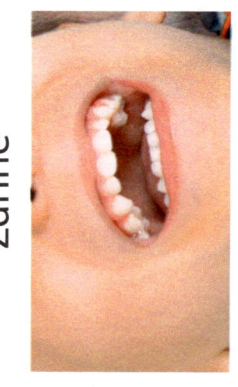 Zähne

 Zehen

2 Wie viele Beine sind es?

Vorlesen des Gedichtes, die Kinder zeigen am eigenen Körper die passenden Körperteile (evtl. entsprechende Ziffer dazu zeigen). **1, 2** Anzahlen der einzelnen Körperteile bestimmen, Notation in Abhängigkeit der Lernvoraussetzungen der Kinder als Strichliste oder Ziffer. Immer wieder Ziffernschreibkurs üben.

(K, D) → Arbeitsheft, Seite 9

Zehn kleine Zappelmänner
zappeln hin und her.
Zehn kleinen Zappelmännern
fällt das gar nicht schwer.

Zehn kleine Zappelmänner
zappeln auf und nieder.
Zehn kleine Zappelmänner
tun das immer wieder.

Zehn kleine Zappelmänner
zappeln rings herum.
Zehn kleine Zappelmänner,
die sind gar nicht dumm.

Zehn kleine Zappelmänner
spielen jetzt Versteck.
Zehn kleine Zappelmänner
sind auf einmal weg.

3 Wie viele sind es?

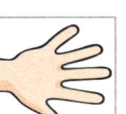  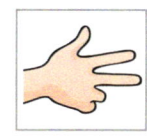

| 2 |

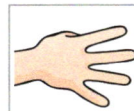 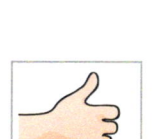

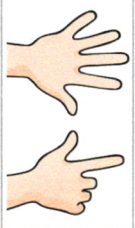 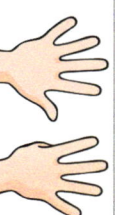

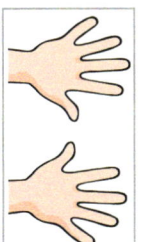 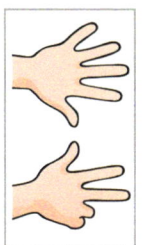 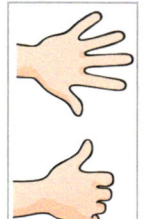

4 Zeigt Zahlen von 1 bis 10.
Findet verschiedene Möglichkeiten.

✻ 5 Male Bilder.

Umrisse der eigenen Hände herstellen. **3** Flexible Fingeranzahlen zeigen und bestimmen. **4** In Partnerarbeit die Zahlen von 1 bis 10 mit Fingern darstellen. Unterschiedliche Möglichkeiten erproben. **5** Eigene Fingerbilder herstellen und Anzahlen bestimmen, Ergebnisse präsentieren und unterschiedliche Darstellungen thematisieren.

■ (K, A, D) → Arbeitsheft, Seite 9

Muster legen

1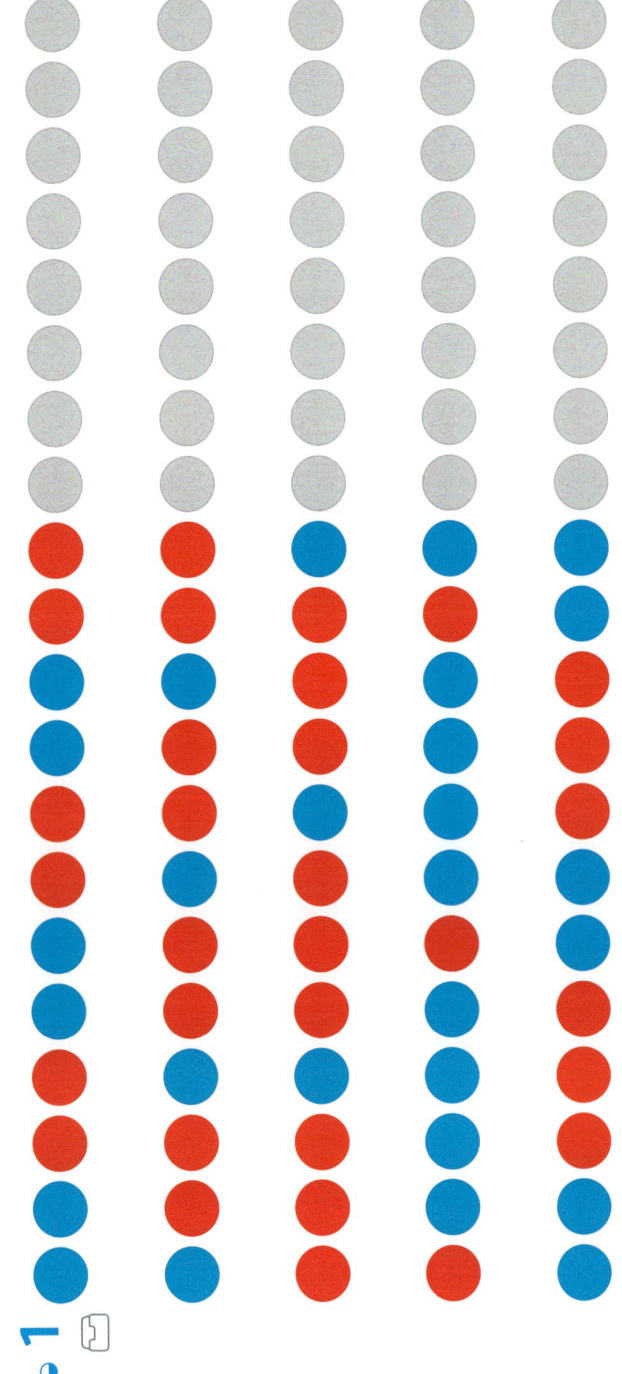

Lege eigene Muster.

2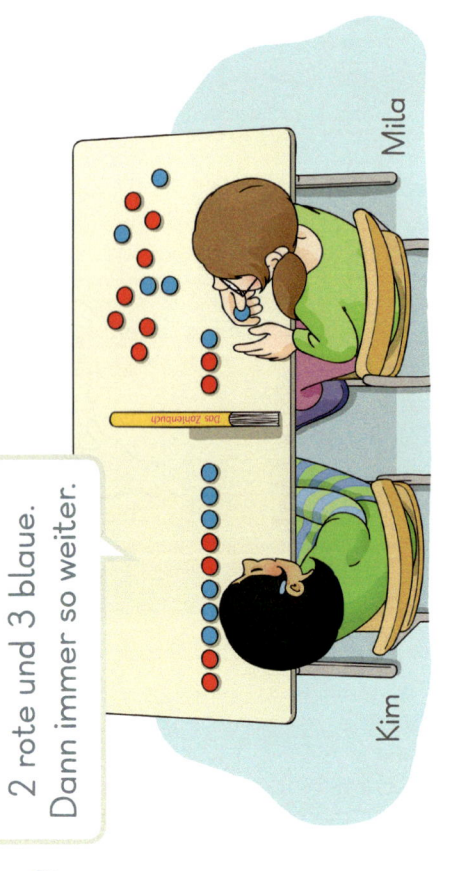

Über die Besonderheiten von Plättchenmustern sprechen. Dabei darauf achten, welche Startfigur immer fortgesetzt wird. **1** Vorgegebene Muster fortsetzen. Startfigur beachten. Eigene Muster erfinden. Startfigur markieren lassen. **2** Eigene Muster gegenseitig beschreiben. Dabei Startfigur beachten.

(K, A, D) → Arbeitsheft, Seite 10

3 Lege immer 7.

4 Lege und male. Immer 4.

5 Lege und male. Immer 5.

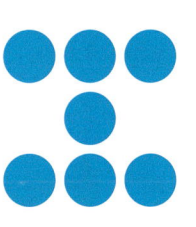

6 Male.

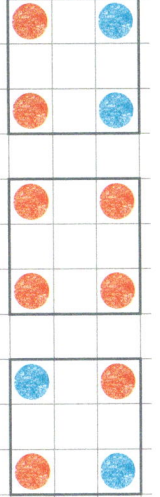 

7

8

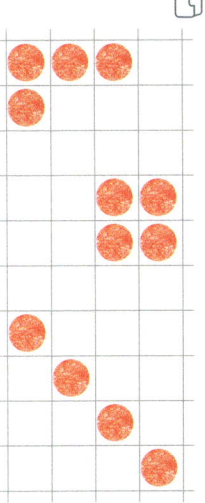

9 Malt und beschreibt.

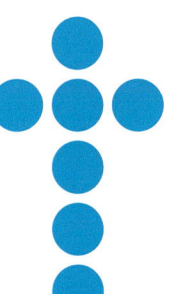

Max: Immer 4.

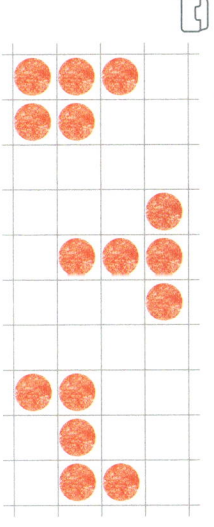

Sophie: Links oben und unten ein rotes Plättchen.

Till

Raumlagebegriffe oben, unten, rechts, links, in der Mitte zur Beschreibung nutzen. **3–5** Muster zu vorgegebenen Zahlen legen und zeichnen. **6–8** Würfelaugen rot und blau färben. Verschiedene Möglichkeiten finden und beschreiben. **9** Muster aus zehn Plättchen legen und abmalen. Mindestens ein Beispiel einem Partnerkind beschreiben. Der Partner legt nach.

(K, A, D) → Arbeitsheft, Seite 10

Zahlen schnell sehen

Ich sehe schnell 4 und 3.

Ben

Wo kannst du noch schnell Zahlen sehen?

Lena

1 Wie viele sind es?

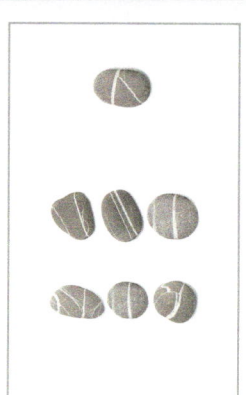

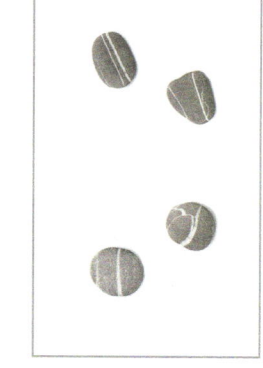
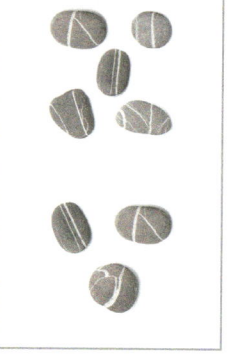

2 Lege und male. Immer 6.

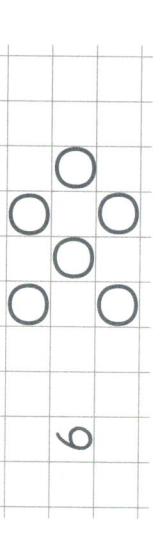

6

3 Lege und male. Immer 8.

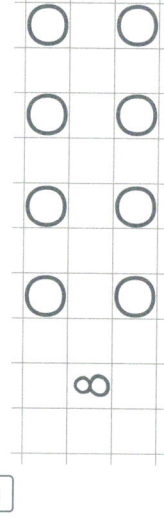

8

4 Lege und male. Immer 5, 7, 9.

1 Vorteilhafte Möglichkeiten des Legens und der Zahlenerfassung besprechen, Teilmengen zeigen, um anschließendes Vorgehen besprechen zu können; evtl. Anzahl notieren lassen. 2–4 Korb mit Steinen oder anderen Gegenständen: Die Kinder legen Anzahlen geschickt. Immer wieder Ziffernschreibkurs üben.

(K, A, D) → Arbeitsheft, Seite 11

14

Ich sehe schnell 4 und 4.

Lena

Ben

Wo kannst du noch schnell Zahlen sehen?

5 Wie viele sind es?

✱ 6 Lege geschickt und male.

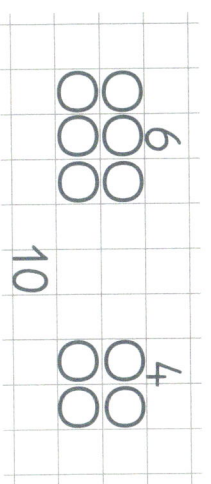

7 Wie viele?

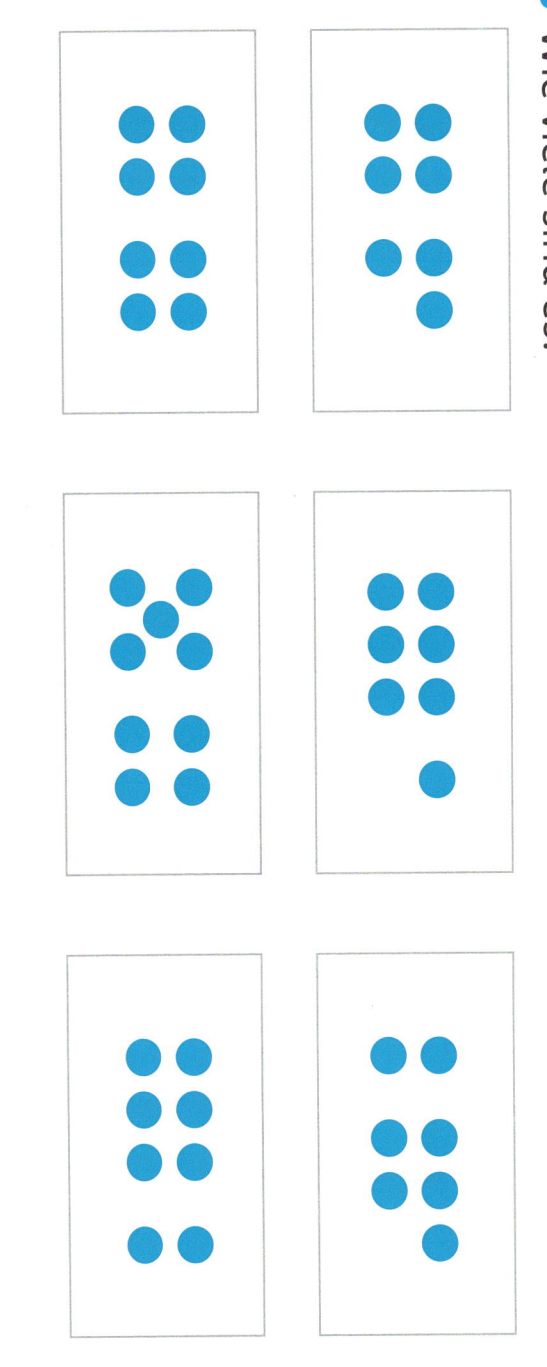

Anzahl legen und nennen.

Ich sehe 6 und 1.

Ich sehe 4 und 3.

5 Vorteilhaftes Legen und Zählen beim Erfassen von Teilmengen im Vergleich zum einzelnen Abzählen besprechen, den Lernvoraussetzungen entsprechend evtl. Gesamtanzahl ermitteln. Kinder zum Beschreiben ihrer Sichtweisen anregen („Wie siehst du es?"), dabei Lagebeziehungen (links, rechts) verwenden. 6 Die geschickt gelegten Muster abzeichnen.

■ (K, A, D) → Arbeitsheft, Seite 11

Zehnerfelder

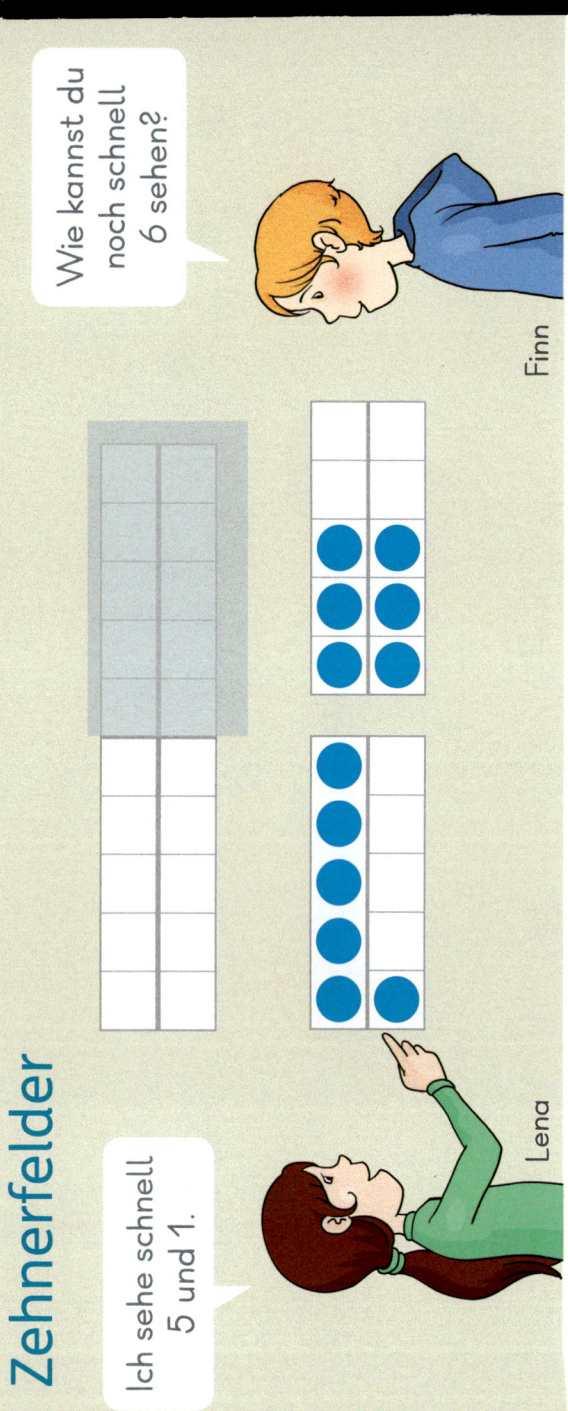

Ich sehe schnell 5 und 1.
Lena

Wie kannst du noch schnell 6 sehen?
Finn

1 Wie viele sind es?

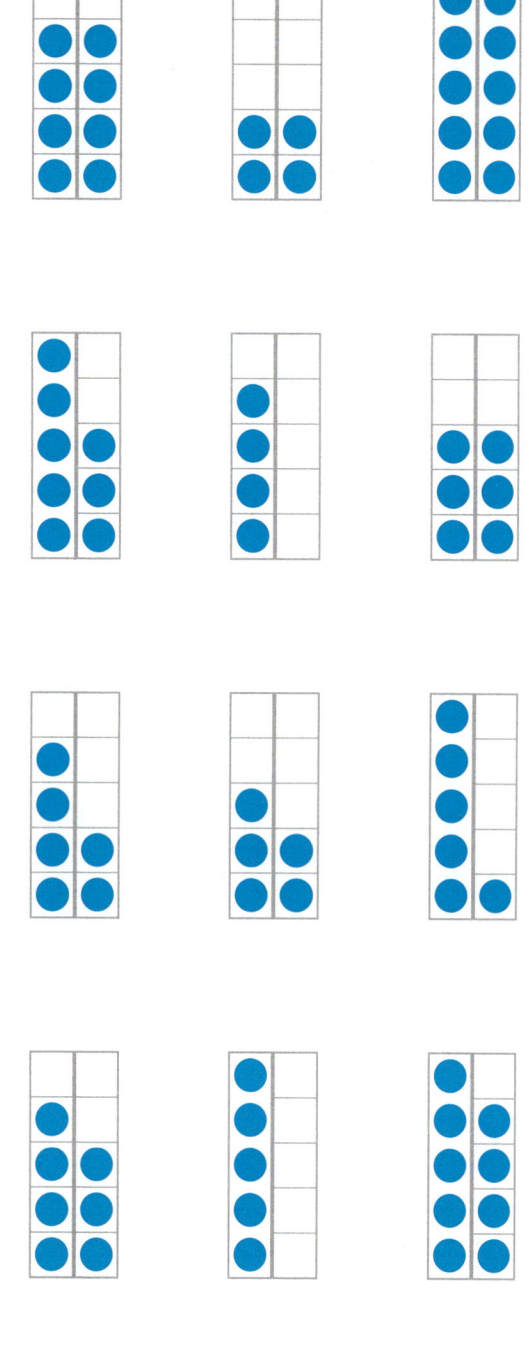

2 Legt und beschreibt.

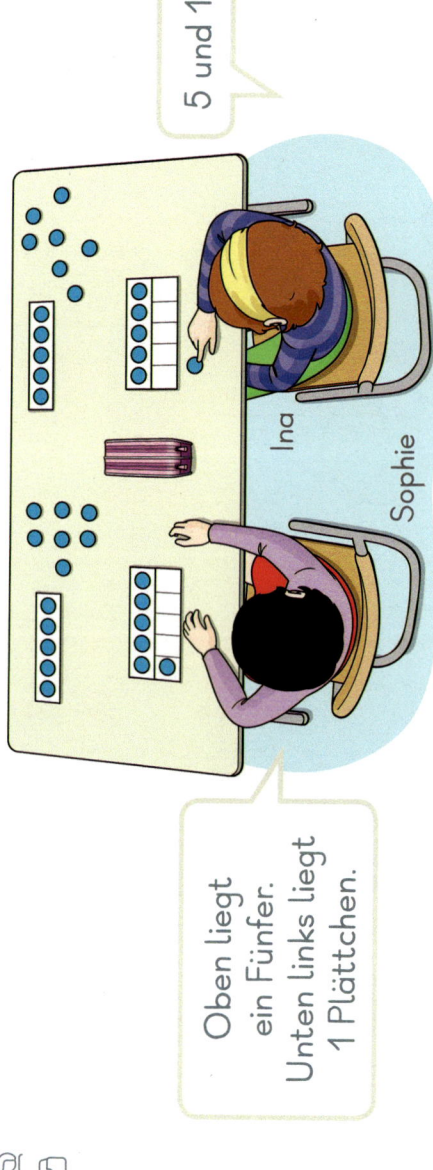

Oben liegt ein Fünfer. Unten links liegt 1 Plättchen.
Sophie

5 und 1 sind 6.
Ina

Das Zehnerfeld und seine Struktur kennenlernen, unterschiedliche Legemöglichkeiten besprechen. Legen der Zahlen von 1 bis 10 mit Plättchen. **1** Mengen schnell erfassen, Teilmengen zeigen und Anzahlen evtl. notieren. **2** Kind A legt und beschreibt die Plättchen im Zehnerfeld (oben, unten), Kind B (ohne Sicht auf das Zehnerfeld) nennt die Zahl.

(K, A, D) → Arbeitsheft, Seite 12

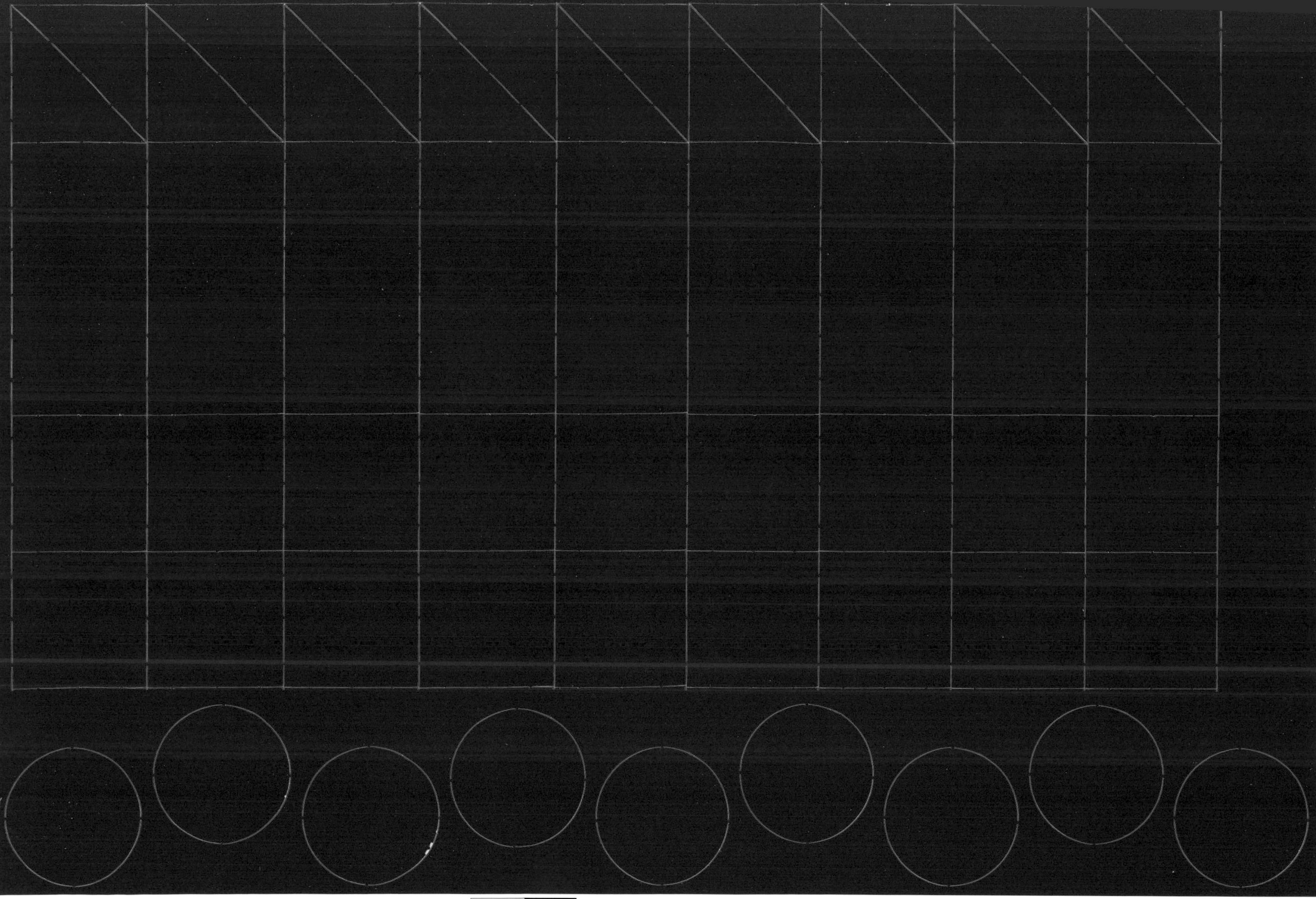

Hier ankleben!

1 2 3 4 5 6 7 8 9 10 11

11 12 13 14 15 16 17 18 19 20

Klett

Beilage 1101

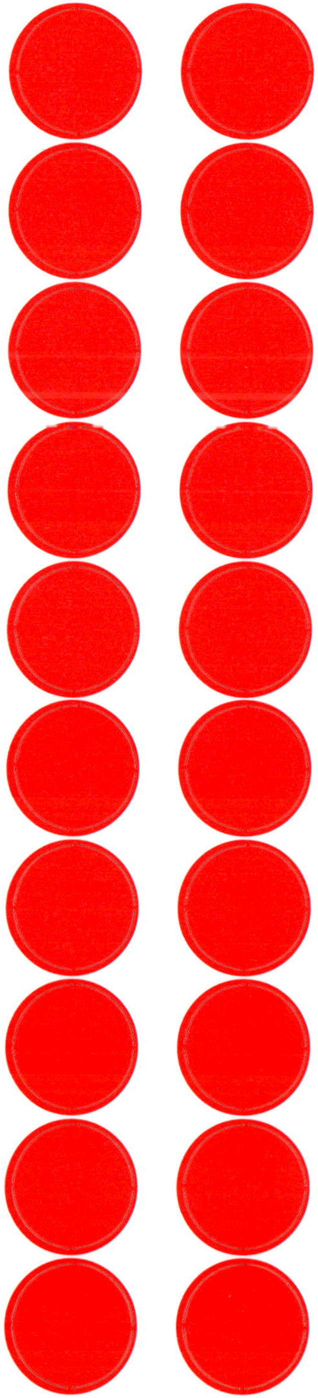

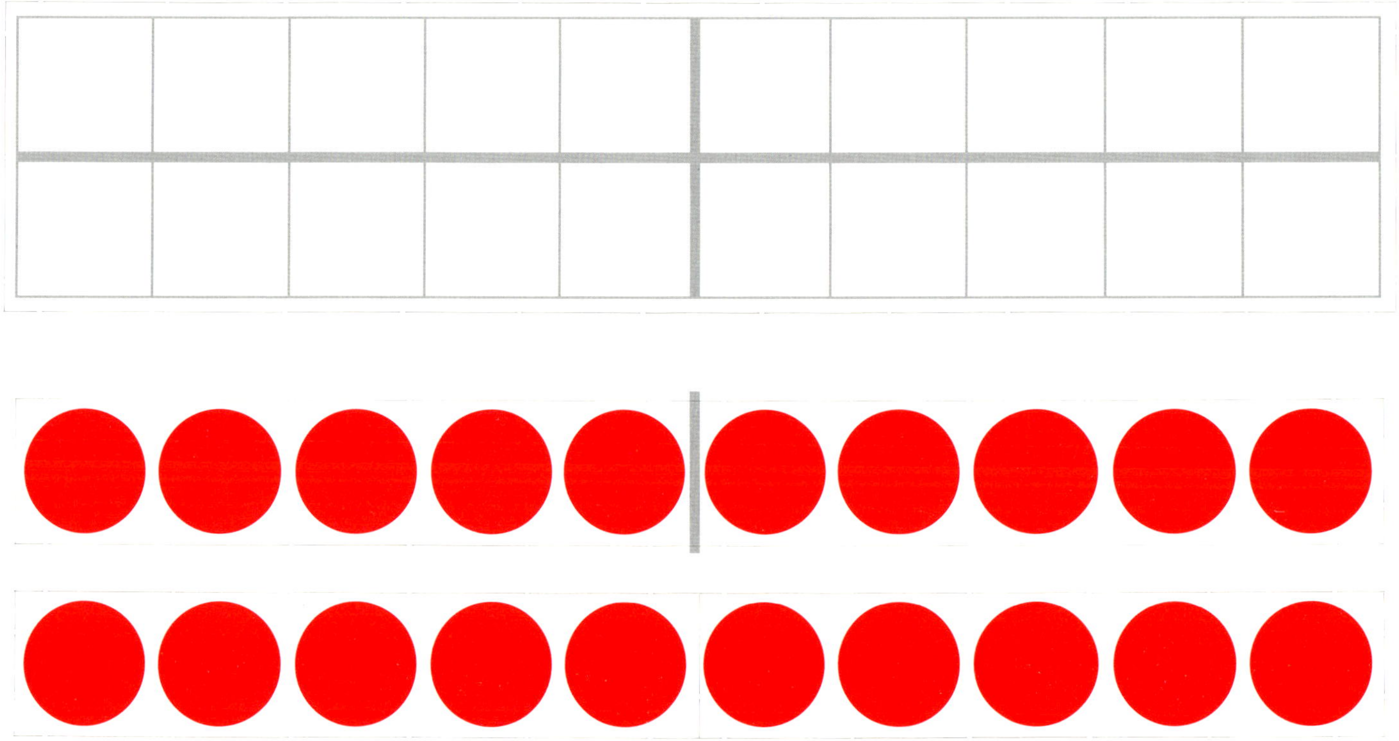

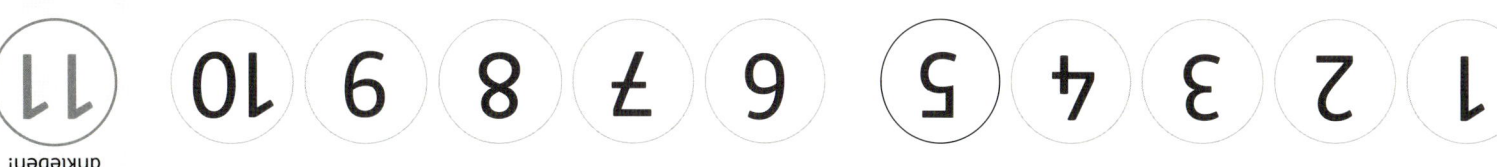

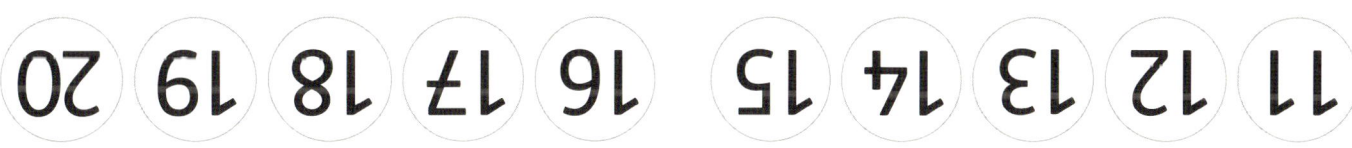

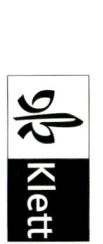

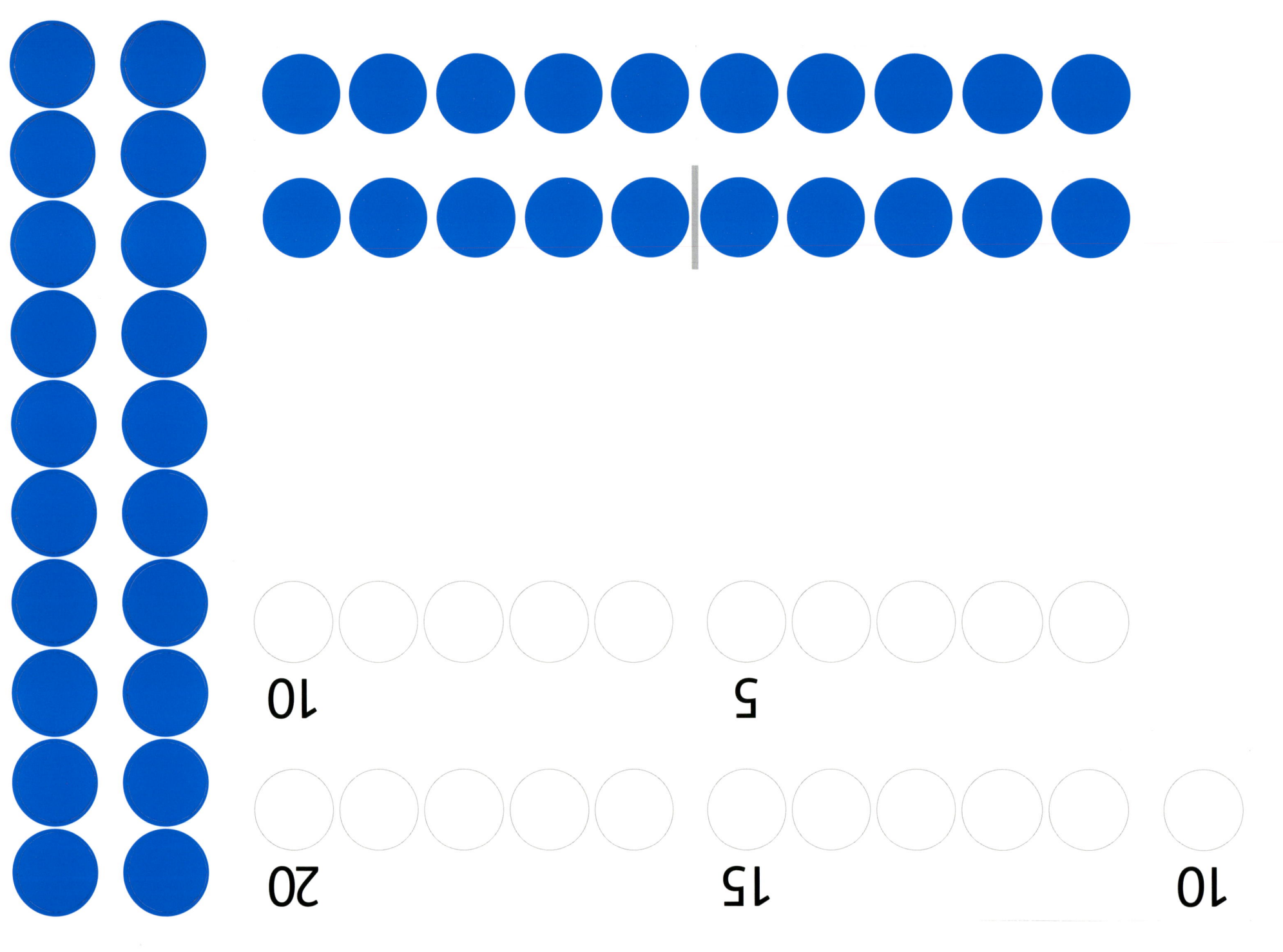

Ich sehe schnell 5 und 4.

Lena

9 sind 1 weniger als 10.

Finn

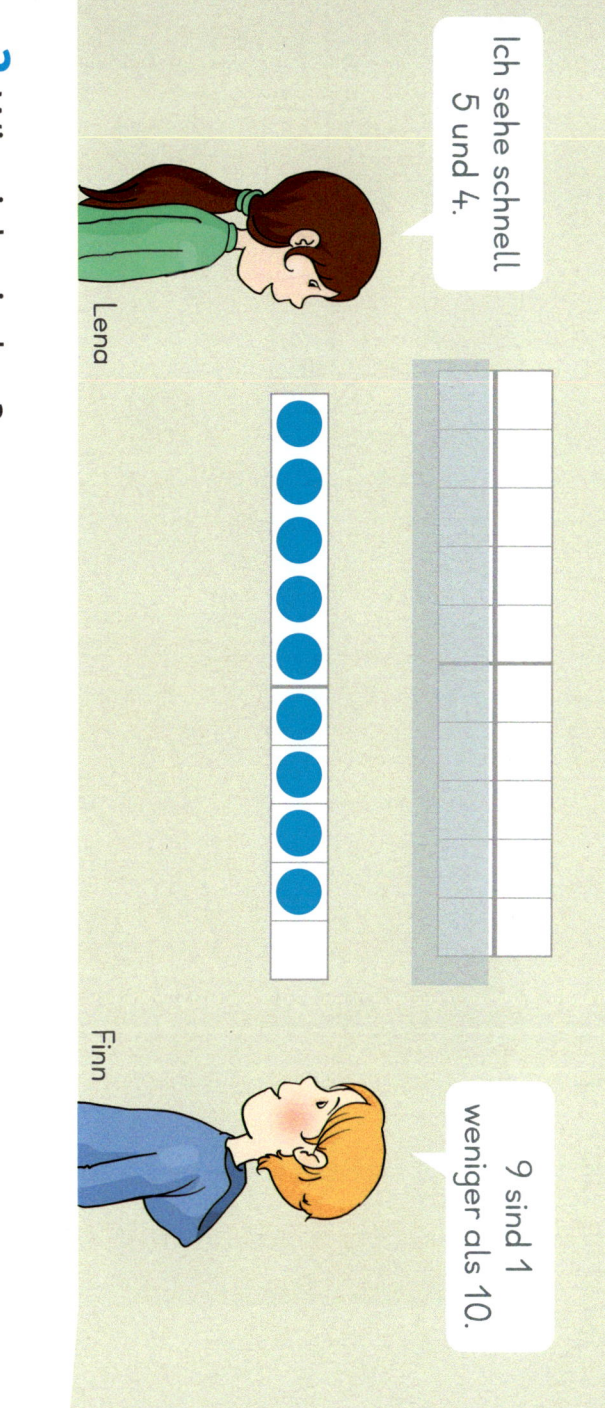

3 Wie viele sind es?

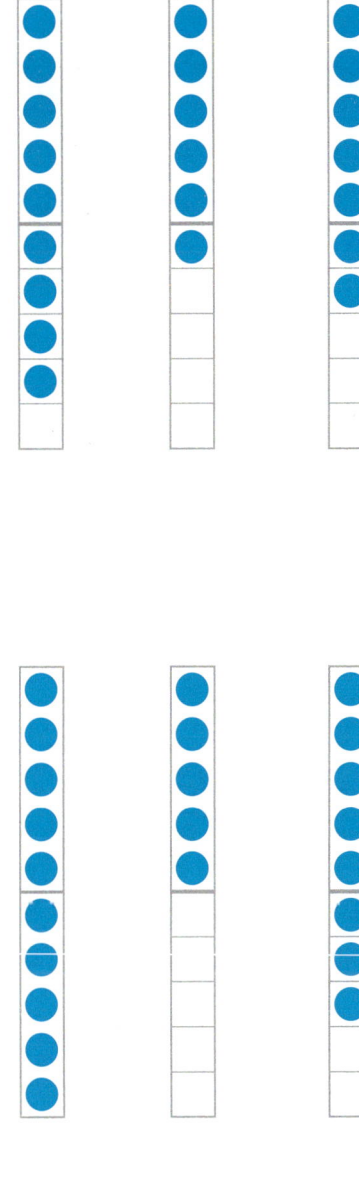

4 Legt Zahlen und beschreibt.

Ich lege 7 mit einem Fünfer und 2 daneben.

Ich lege 2 unter den Fünfer. Das sind auch 7.

Max   Anna

10 als Doppelfünfer oder in linearer Anordnung sehen und legen zu können, ist für das flexible Rechnen von zentraler Bedeutung. **3** Mengen schnell erfassen, Teilmengen zeigen und Anzahlen evtl. notieren. **4** Zahlen mit Plättchen sinnvoll in ein frei gewähltes Zehnerfeld legen.

(K, A, D) → Arbeitsheft, Seite 12

17

Kraft der 5

1

2

1 Tier für Tier suchen und Anzahlen mit Strichliste festhalten. Fünferbündelung besprechen. Die Null als Kardinalzahl der leeren Menge der Eisbären thematisieren. 2 Zu Strichlisten Zahlen schreiben. Immer wieder Ziffernschreibkurs üben.

(D) → Arbeitsheft, Seite 13

18

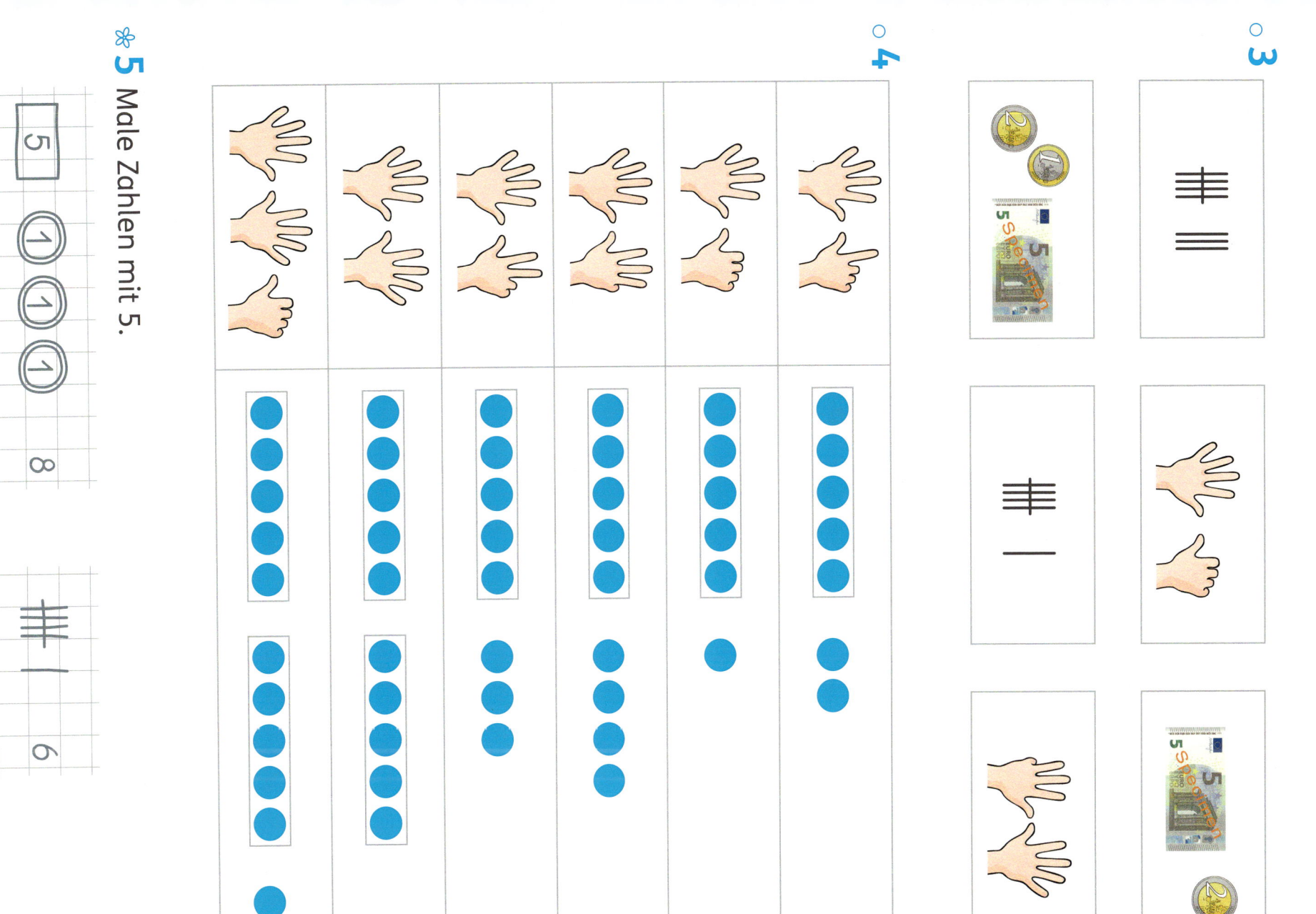

Kraft der 5

Das sind 5.

Das ist ein Fünfer.

5

Paula · Eva · Leo

1 Lege mit 5 ●●●●● .

6   8

7   9

10   5

2 6   8

5   7

10

9

3 Kraft der 5

Vorderseite einer Wendekarte zeigen, Anzahl der Fünfer und Einer nennen.

Ein Fünfer und 2 Einer.

7

20

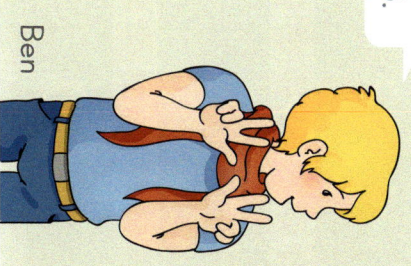

Ben: 6 sind 3 und 3.

Mila: Aus 3 und 3 mache ich 5 und 1.

4 Aus ... mache ...

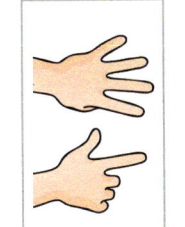 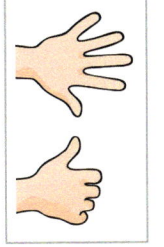

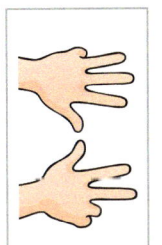 

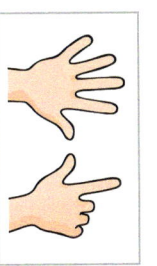

5 Wie viele? Immer 5 dazu.

 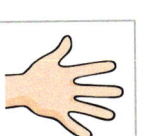 

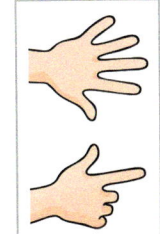 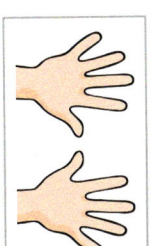 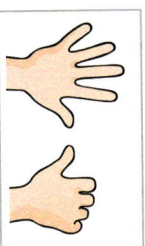

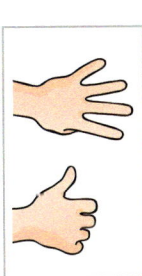 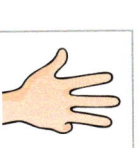 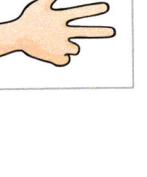

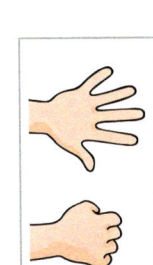 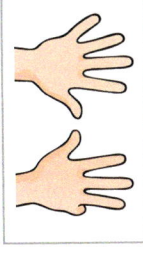 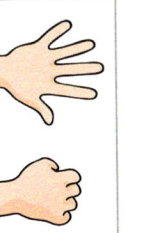 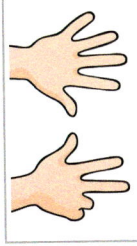

Vergleich von Fingerbilddarstellungen, um Zahlbeziehungen mit Bezug zur 5 (eine Hand mehr/weg) anzubahnen.
4 Strukturiertes Erfassen der Teilmengen und Umgruppieren mit Bezug zur 5. 5 Zahlen zwischen 0 und 4 vergleichen mit Zahlen zwischen 5 und 10.

(K, D)

21

Immer 5 – immer 10

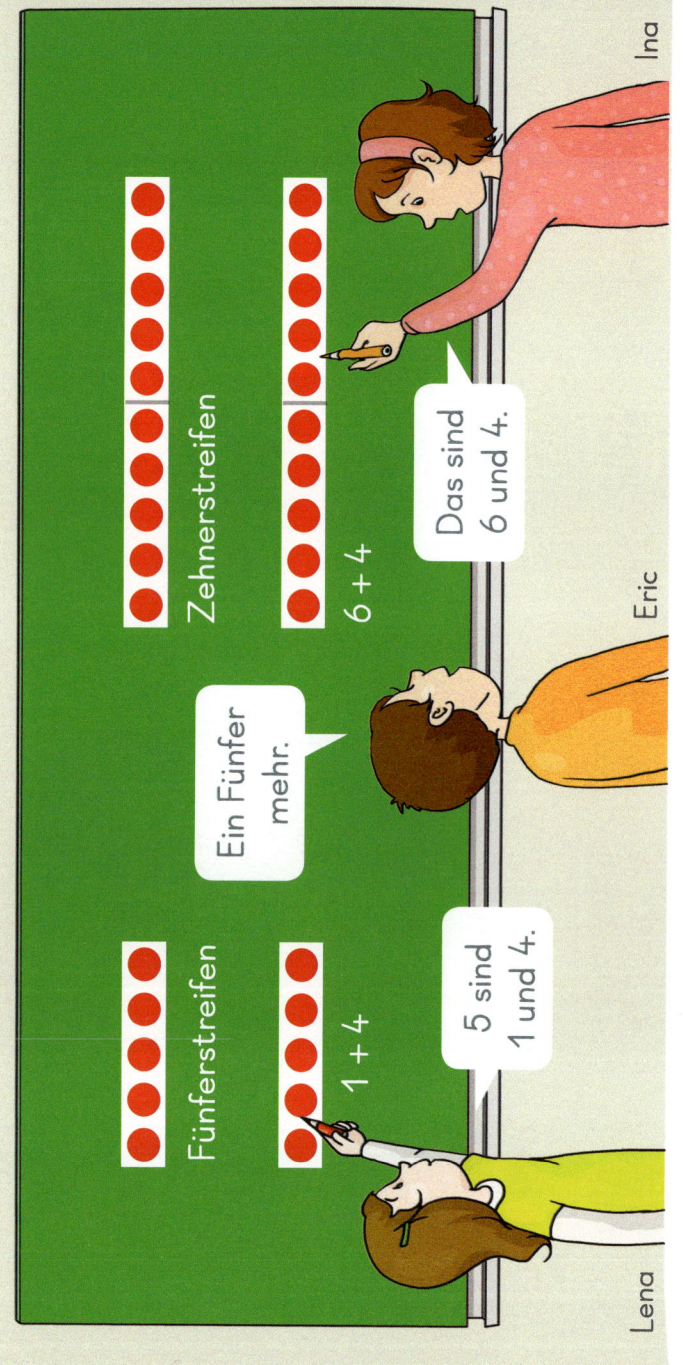

1 Vergleiche.

Immer 5.

 4 + 1

Immer 10.

9 +

2 Immer 10. Vergleiche.

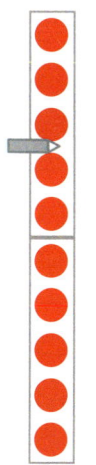 6 + 4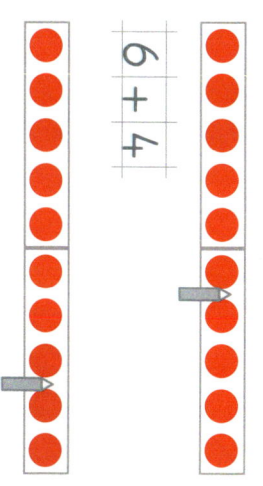

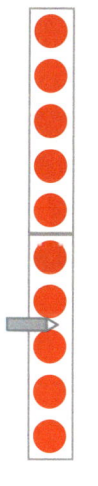 4 +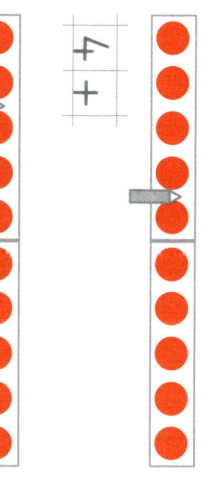

3 Immer 5? Immer 10?

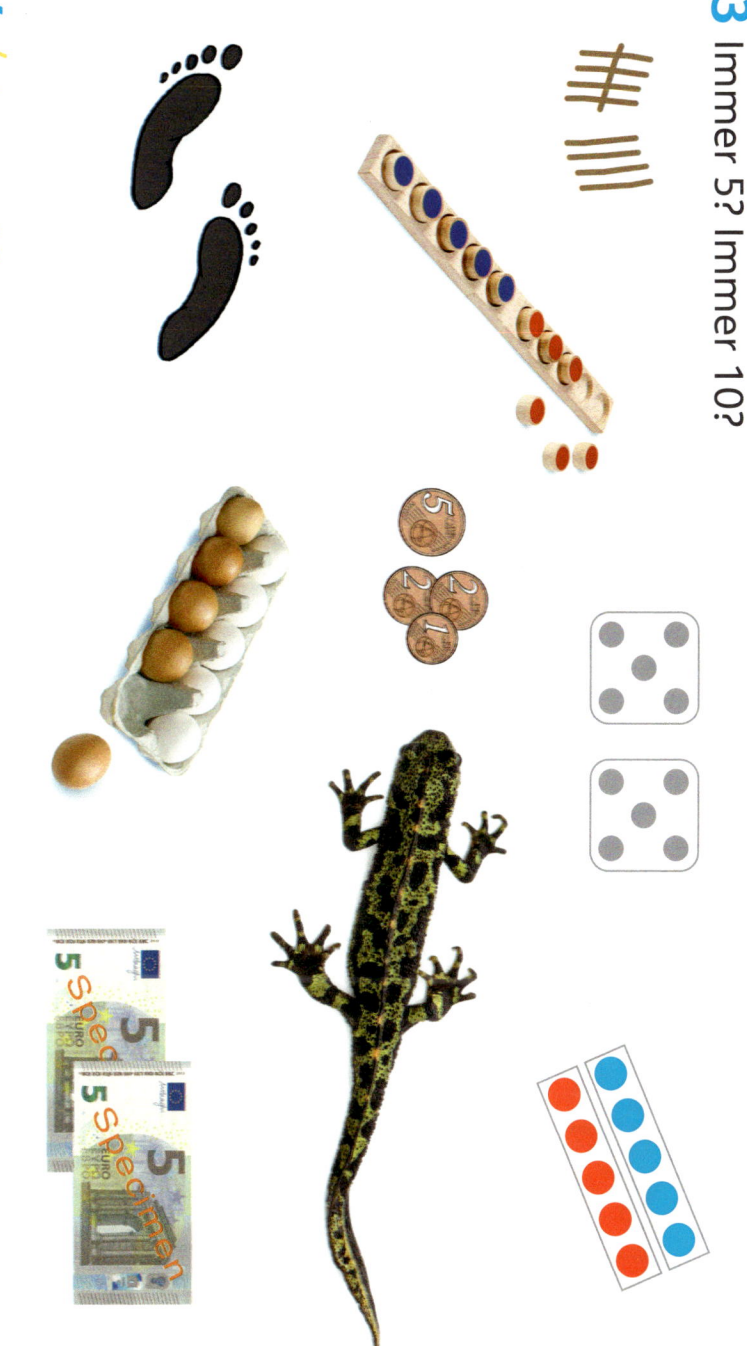

4 ↯ Immer 10

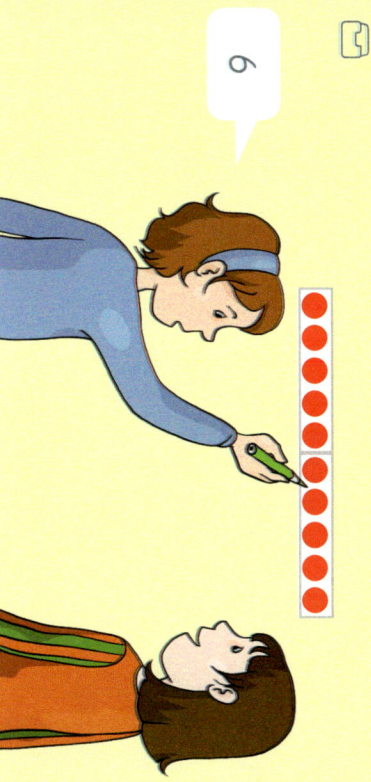

6

6 + 4

Zahl zwischen 1 und 10 zeigen, nennen und bis 10 ergänzen.

2 Zahlzerlegungen der 10 notieren, Teilmengen evtl. geschickt mit Bezug zur 5 ermitteln. Begriffe klären: Zerlegen, 1. Zahl, 2. Zahl. 3 Fünferstruktur und Zehnerstruktur (Doppelfünfer) überprüfen.

(K, A, D) → Arbeitsheft, Seite 15

23

Zahlen zerlegen

Ich zerlege 6 in 5 und 1.

Esra

Max

1 Immer 6.

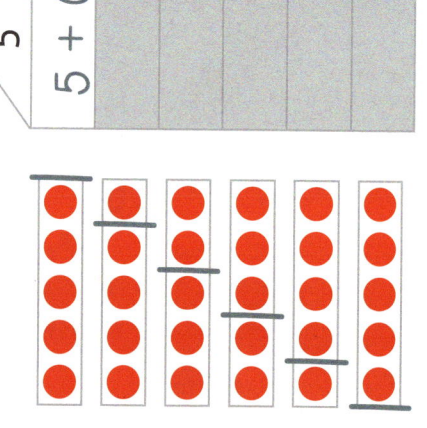

Immer 5.

- Vergleiche. Was fällt dir auf?

2 Zerlegen

7 + 1

8

Zahlen der Reihe nach zerlegen und Aufgabe nennen.

1 Zerlegen der Zahl 6 mithilfe eines Stiftes am Sechserstreifen, Notation der Plusaufgaben ins Zahlenhaus. Analoges Vorgehen für die Zahl 5 am Fünferstreifen. Vergleichen der Dachzahl mit der Anzahl der Zerlegungen, Markieren der Auffälligkeiten mit farbigen Stiften und mit Pfeilen, Begriffe wiederholen: Zerlegen, 1. Zahl, 2. Zahl.

(K, A, D) → Arbeitsheft, Seiten 16, 17

24

3 Immer 10. Zerlege.

●●●●●●●●●●

4 Immer 9. Zerlege.

●●●●●●●●●

5 Immer 8. Zerlege.

●●●●●●●●

6 Immer 7. Zerlege.

●●●●●●●

7 Wie viele Plättchen sind verdeckt?

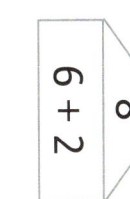
8
6 + 2

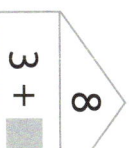
8
3 +

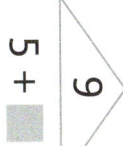
9
7 +

9
5 +

6
2 +

6
3 +

8

6
1 +

6
5 +

7
1 +

7
5 +

8
1 +

8
5 +

9
1 +

9
5 +

10
1 +

10
5 +

9

+

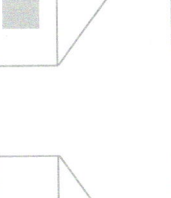

3–6 Zahlenhäuser zur 10, 9, 8 und 7 finden. Etagen der Zahlenhäuser miteinander vergleichen. **7** Verdeckte Menge als Bestandteil der Zerlegung herausfinden. **8** Zahlen mit abgedeckter Teilmenge zerlegen. **9** Zerlegungen zu selbst gewählten Zahlen finden.

■ (K, A, D) → Arbeitsheft, Seiten 16, 17

25

Rückblick

Ich kann Zahlen bis 10 geschickt legen und erkennen, vergleichen und zerlegen.

5 + 1

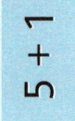

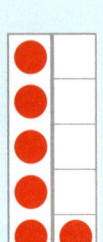

6

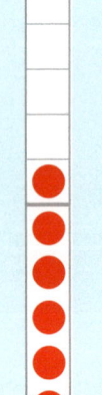

1 Wie viele?

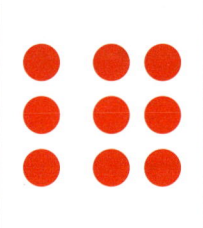

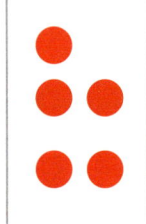

2 Zahlen mit 5.

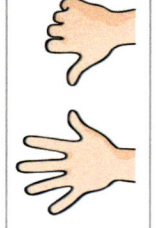

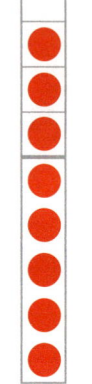

8 | 5 + 3

3 Zerlege.

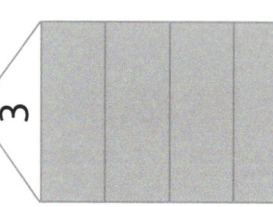
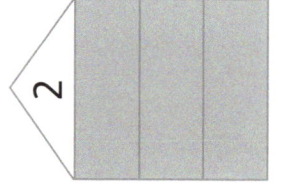

5 4 3 2

4 Übt immer wieder.

Wie viele? (Seite 15)

Immer 10 (Seite 23)

Kraft der 5 (Seite 20)

Zerlegen (Seite 24)

Wesentliche Aspekte des Kapitels noch einmal reflektieren.

(D) → Arbeitsheft, Seite 18

Forschen und Finden: Plättchen werfen

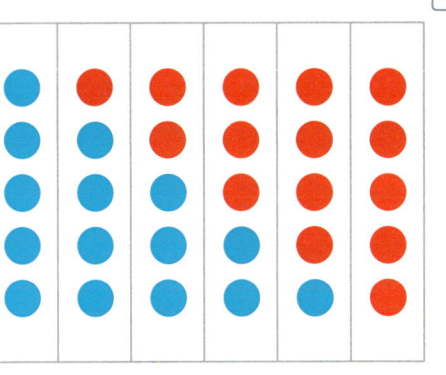

"Schon wieder 3 rote und 2 blaue." — Ben

"Das kommt aber häufig vor." — Kim

1 Immer 5.

Was kommt häufig vor? Was kommt selten vor?
Was ist wahrscheinlicher? Vergleiche.

2 Immer 4.

Was kommt häufig vor?
Was kommt selten vor?

3 Immer 8.

Was kommt häufig vor? Vermute.
Überprüfe.
Ordne nach der Wahrscheinlichkeit.

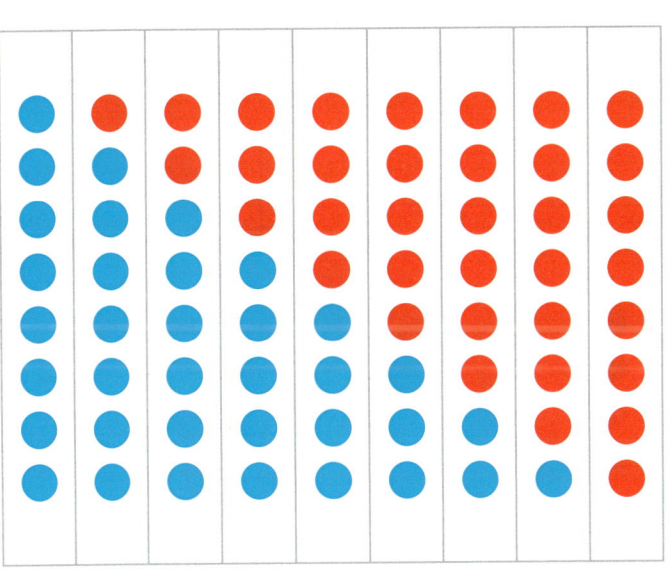

1 Zerlegungen der Zahl 5 mit roten und blauen Plättchen darstellen, Kinder werfen mit dem Schüttelbecher oder aus der Hand 5 Plättchen auf den Tisch, erfassen die Anzahl, halten Ergebnisse in Strichliste fest. Begriffe wie selten, häufig, häufiger als, seltener als einführen.   2 Aufgabe mit 4 Plättchen wiederholen.   3 Prognose festhalten und überprüfen.

■ (K, A, D)   → Arbeitsheft, Seite 19

27

Anzahlen vergleichen

Ich habe 2 weniger.
Wer hat mehr?
Ich habe 2 mehr.
Dann darf sich Kim 2 blaue Plättchen nehmen.

Anna   Kim

○ **1** Spielt: Wer hat mehr?

○ **2** Wie viele sind es mehr?

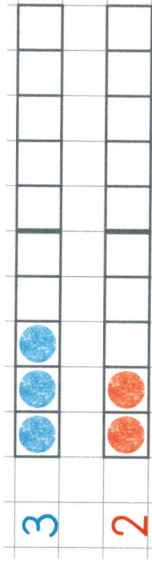
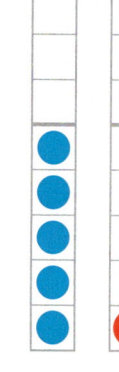

✱ **3** Immer 1 mehr. Finde verschiedene Möglichkeiten.

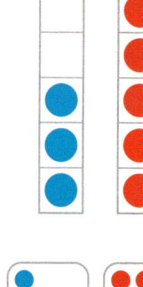

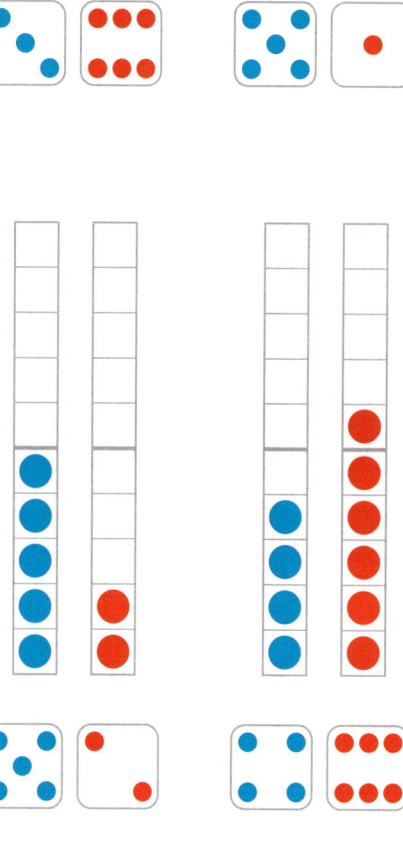

✱ **4** Immer 2 mehr.   ✱ **5** Immer 3 mehr.   ✱ **6** Immer … mehr.

1 Spielregel: 2 Kinder würfeln. Jeder legt die Anzahl an Würfelpunkten als Plättchen in das Zehnerfeld. Anzahlen miteinander vergleichen. Wer hat mehr? Den Unterschied legt der Gewinner in sein eigenes Zehnerfeld. **2** Mengen vergleichen und Unterschied bestimmen. **3–6** Zahlen mit Unterschied 1 (2, 3 …) suchen. → Arbeitsheft, Seite 20

(P, K, D)

Würfeltürme

Links ist 1 Würfel.
Rechts sind 5 Würfel.

Eric

Bei mir sind beide
Türme gleich hoch.

Finn

○ **7** Spielt: Würfeltürme.

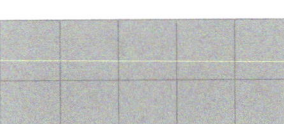

● **8** Immer 6 Würfel.

6

6

$1+5$

● **9** Immer 4 Würfel.

4

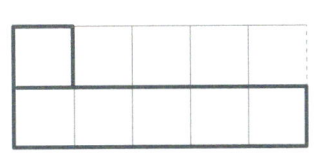

✱ **10** Immer 7 (8, 9, 10) Würfel.

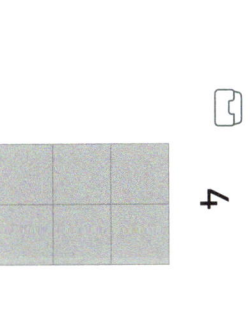

Aus ... mache ...

2 + ▇	2 + ▇
3 + 4	2 + ▇
5 + 2	5 + ▇

11 Aus ... mache ...

3 + 1	2 + 2
3 + 2	1 + 3
	2 + ▇

7 Spielregel: Würfeltürme (2 Türme nebeneinander) mit einer Anzahl an Würfeln bauen, dann abwechselnd einen Würfel umlegen oder wegnehmen oder hinzutun. Veränderungen beschreiben und darstellen. **8–10** Würfeltürme mit genau 6 (4, 7, 8, 9, 10) Würfeln bauen, zeichnen und Plusaufgabe finden. **11** Zusammenhänge benachbarter Würfeltürme und Plusaufgaben erkennen.
■ (P, K, D) → Arbeitsheft, Seite 21

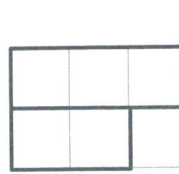

Zahlenfolgen erkunden

Zahlen treffen

Paula: Von 1 bis zur 5 sind es 4.

Murat: Von der 10 aus treffe ich mit 4 Schritten nicht die 5.

1 Spielt: Zahlen treffen.

2

1 — ○ — ○
2 — ○ — ○
3 — ○ — ○
4 — ○ — ○

1 — 2 — 3
   2 — 3
      ○

3

7 — ○ — ○
6 — ○ — ○
5 — ○ — ○
4 — ○ — ○

4

4 — ○ — 6
6 — ○ — 8
8 — ○ — 10

5

○ — 6 — ○
9 — ○ — 10
○ — ○ — ○

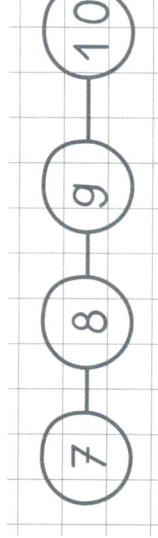

6 Finde Zahlenfolgen.

7 — 8 — 9 — 10

---

1 Spielregel von „Zahlen treffen": Abwechselnd würfeln und mit einem der zwei Plättchen entsprechend ziehen. Ziel ist es, mit dem Plättchen die Zielzahlen (aufgedeckte Wendekarten) zu treffen und diese Karten zu gewinnen. 2–5 Sprechweisen klären: *davor, dazwischen, danach.* 6 Eigene Ausschnitte wählen.

(K, A, D)

Räuber und Goldschatz

Marta: Du musst 3 weiter setzen.

Max: Dann bin ich auf der 11.

7 Spielt: Räuber und Goldschatz.

8 Welche Zahlen fehlen?

5, __, __, 8, __, __, __, __, __, __, 15, __, __, __
3, 4, 5, __

__, 3, __, __, __, __, __, __, __, __, __, 13, 14, __, __
__, 4, __, __, __, __, __, __, __, __, 18, __, __, __, __
3, 4, 5, 6, 7

❋ **9**

Spielregel von „Räuber und Goldschatz" (Spielplan auf S. 5): Die Spielfigur steht auf 10. Abwechselnd würfeln. Der „Plusräuber" zieht stets um seine gewürfelte Anzahl weiter, der „Minusräuber" zieht stets zurück. 7–9 Zahlenfolgen vorwärts und rückwärts im Kontext des Spiels erkunden. Begriffe davor, danach, dazwischen, Abstand zur Beschreibung nutzen.

(K, D) → Arbeitsheft, Seite 22

31

Orientierung im Zwanzigerraum

Vierzehn, das sind
1 Zehner und 4 Einer.

Noah

1 0	+	4
1		4

1 Zehner und 4 Einer

10
4

10 und 4

Mila

1

elf	●●●●● ●●●●● ●	10	10 + 1	11
		1		
zwölf	●●●●● ●●●●● ●●	10	10 + 2	12
		2		
dreizehn	●●●●● ●●●●● ●●●	10	10 + 3	13
		3		
vierzehn	●●●●● ●●●●● ●●●●	10	10 + 4	14
		4		
fünfzehn	●●●●● ●●●●● ●●●●●	10	10 + 5	15
		5		

2

10	11	12	13	14	15

1, 2 Die Bedeutung des Zehners in Ergänzung mit den *Einern* ansprechen. Zahlwörter vorlesen und mit Notation vergleichen. Struktur der Zahlen am Zahlbild aufzeigen, unterschiedliche Notation erklären.

(K, D) → Arbeitsheft, Seiten 23, 24

Zahlen bis 20

Das sind 10 und 1, zusammen 11.

3

sechzehn	●●●●● ●●●●● ●●●●● ●	10 / 6	10 + 6	16
siebzehn	●●●●● ●●●●● ●●●●● ●●	10 / 7	10 + 7	17
achtzehn	●●●●● ●●●●● ●●●●● ●●●	10 / 8	10 + 8	18
neunzehn	●●●●● ●●●●● ●●●●● ●●●●	10 / 9	10 + 9	19
zwanzig	●●●●● ●●●●● ●●●●● ●●●●●	20	20 + 0	20

4

16	●●●●● ●●●●● ●●●●● ●
17	●●●●● ●●●●● ●●●●● ●●
18	●●●●● ●●●●● ●●●●● ●●●
19	●●●●● ●●●●● ●●●●● ●●●●
20	●●●●● ●●●●● ●●●●● ●●●●●

Kinder zum Erzählen über die Situation im Halbkreis anregen bzw. ähnliche Situation durchführen.
3, 4 Struktur der Zahlen von 16 bis 20 am Zahlbild aufzeigen, unterschiedliche Notation erklären. Zehnerziffer und Einerziffer deutlich unterscheiden.

■ (K, D)
→ Arbeitsheft, Seiten 23, 24

Das Zwanzigerfeld

"Ich sehe oben 10 und unten 10."
Ben

"Links und rechts sind auch 10."
Lena

"10 + 10 ist gleich 20."
Ina

$$10 + 4$$
$$14$$

1

2 Lege am Zwanzigerfeld.
13   15   17
16   18   20

3 Legt Zahlen.

"Das sind 10 und 5."
"15"
Metin   Leo

34 Struktur des Zwanzigerfeldes gründlich besprechen (4 Fünferfelder, 2 Zehnerfelder). 1 Zahlen schnell erkennen und dabei die 5er- und 10er-Struktur des Zwanzigerfeldes aufgreifen. Raum-Lage-Beziehungen ansprechen (oben, unten, rechts, links). 2, 3 Schnelles Legen, Sehen und Kommunizieren der genutzten Strukturen üben.
(K, D) → Arbeitsheft, Seite 25

4 Immer 10 mehr.

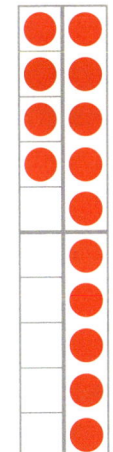　4　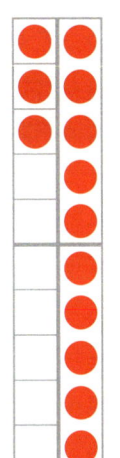　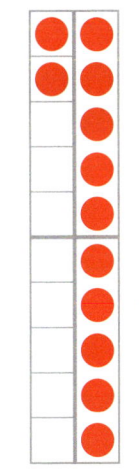　1 4
　　　　　　　　　　　　　　　10 + 4

5 Legt und verändert.

Aus 3 macht 13.
Aus 7 macht 17.
Aus 5 macht 15.
Aus 2 macht 12.
Aus 1 macht 11.
Aus 9 macht 19.

10 und 3 sind 13.

Das sind 3.

Till　　Sophie

6 Immer 10 weniger.

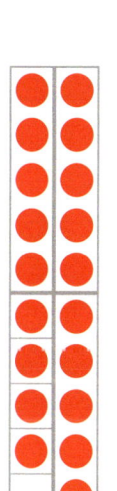 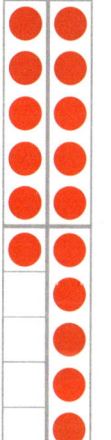　1 2
　　　　　　　　　　10 +

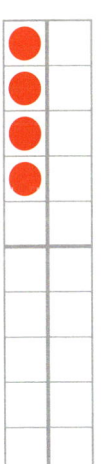 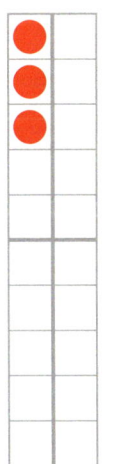 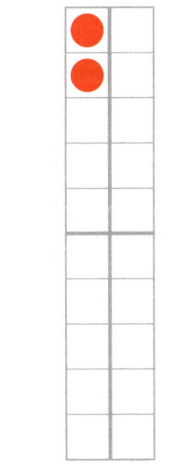

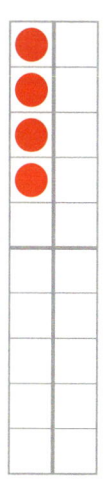  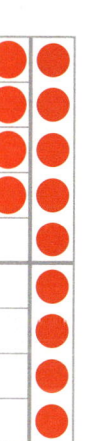 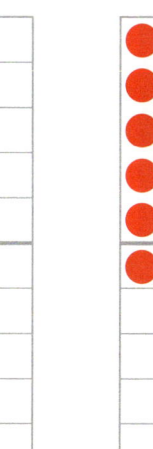 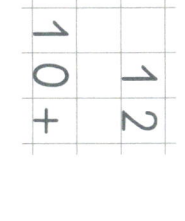

4, 6 Zahlen im Zwanzigerfeld erkennen und in Beziehung setzen, Veränderungen des Dazulegens und Wegnehmens von 10 erkunden. 5 Kinder legen zu zweit verwandte Zahlen (Zehneranalogien als verwandte Zahlen besprechen), Zahlenkarten evtl. mit verwenden.

(K, A, D) → Arbeitsheft, Seite 25

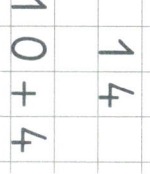

35

Immer 10 – immer 20

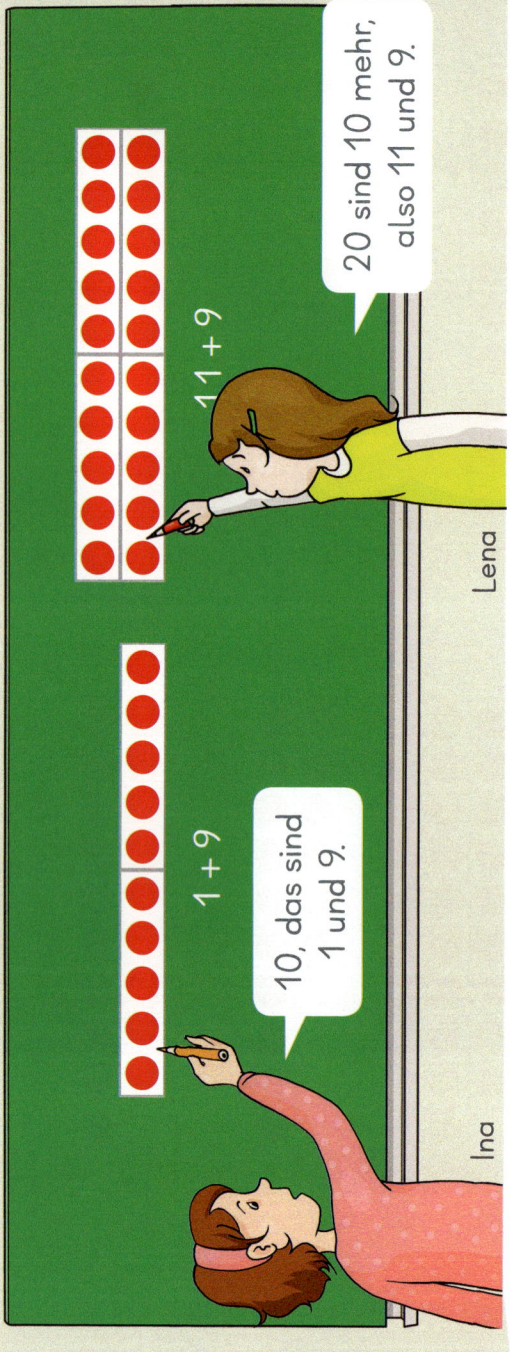

1 Immer 10.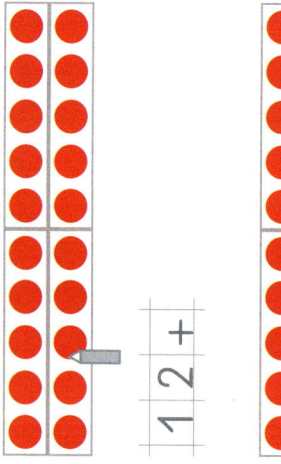

2 Schiebt den Stift immer um 1 weiter. Welche Zahlen sind es?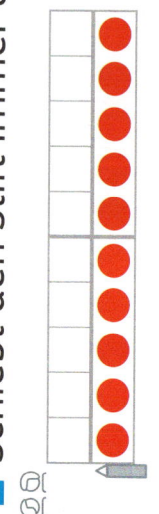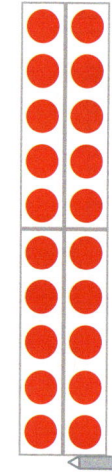

Immer 20.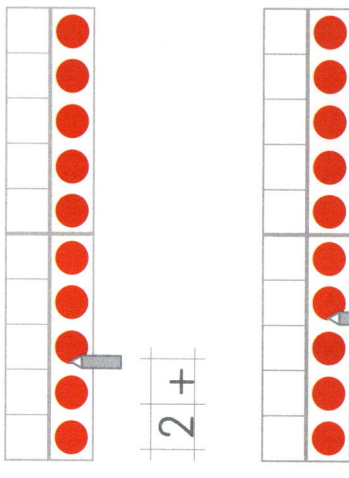

3 Immer 20

1 Zu den Zerlegungen von 10 und 20 Aufgaben schreiben. Zehneranalogien besprechen (verwandte Zahlen).
2 Weitere Zerlegungen finden, am Feld zeigen und notieren.

→ Arbeitsheft, Seite 26

4 Immer 20. Vergleiche.

1 6 + 4

1 4 + 6

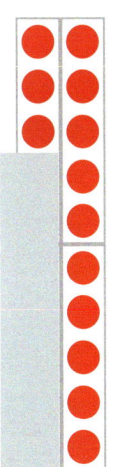
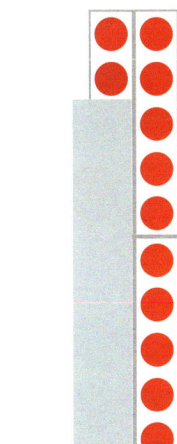
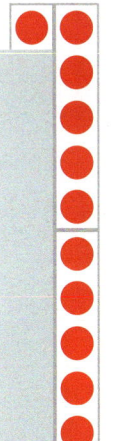
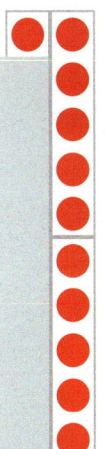
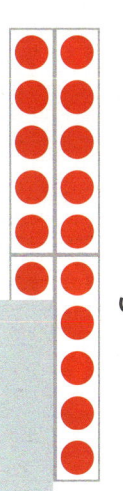

5 Legt ebenso.

15

15 und 5 sind 20.

Esra   Paula

6 Immer 10.

5 + 5+5   6 + ▢   15 + ▢   1 5 + 5
2 + ▢   1 + ▢   12 + ▢   16 + ▢
8 + ▢   9 + ▢   18 + ▢   11 + ▢
                                19 + ▢

Immer 20.

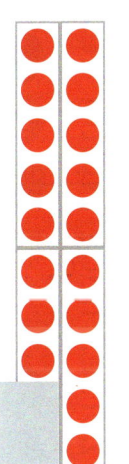

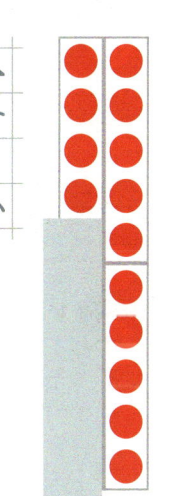

4 Zahlzerlegungen zur 20 notieren, den Streifen nutzen, um einen Teil des Feldes abzudecken. Beziehungen zwischen den benachbarten Zerlegungen besprechen. 5 Eigene Zerlegungen in Partnerarbeit darstellen, besprechen und evtl. notieren. 6 Auf 10 bzw. 20 ergänzen.

(K, A, D) → Arbeitsheft, Seite 26

37

Die Zwanzigerreihe

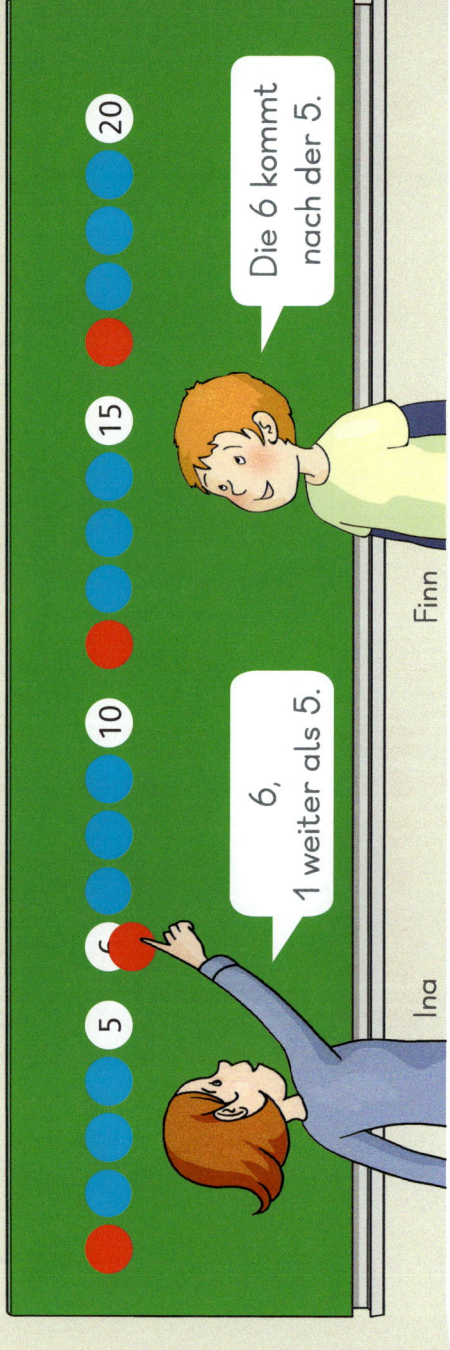

Ina: 6, 1 weiter als 5.
Finn: Die 6 kommt nach der 5.

1 Welche Zahlen liegen unter den roten Plättchen?

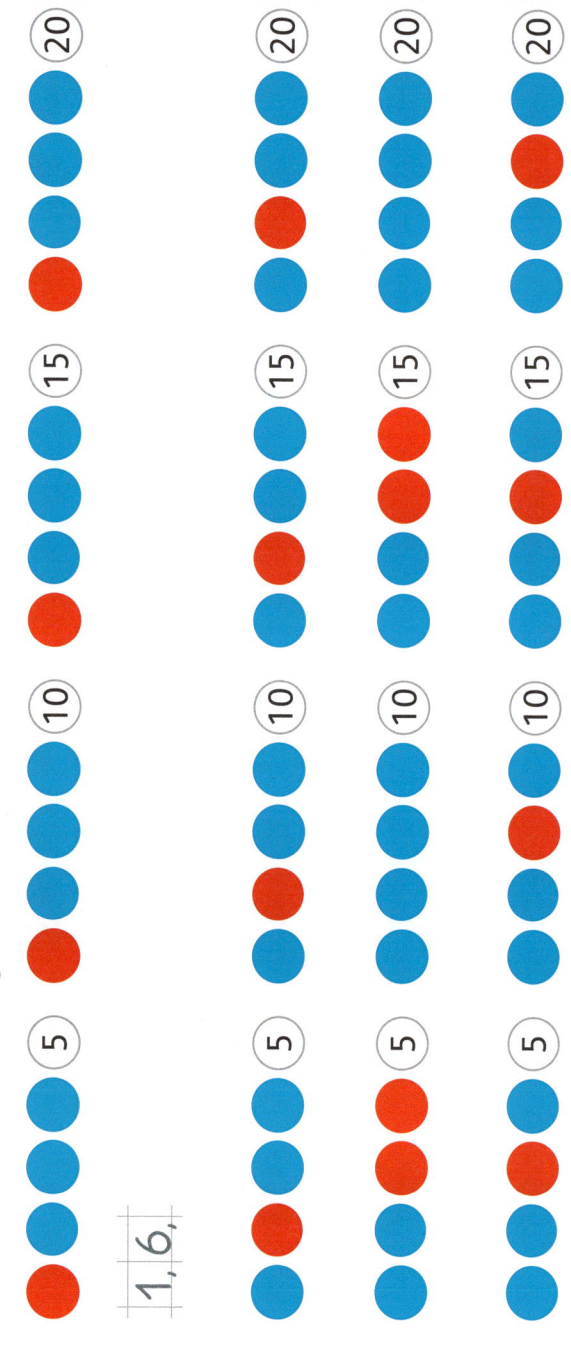

1, 6,

2 Male eine Zwanzigerreihe und trage die Zahlen ein.

3 Zahlenreihe

Zahl zeigen und nennen.

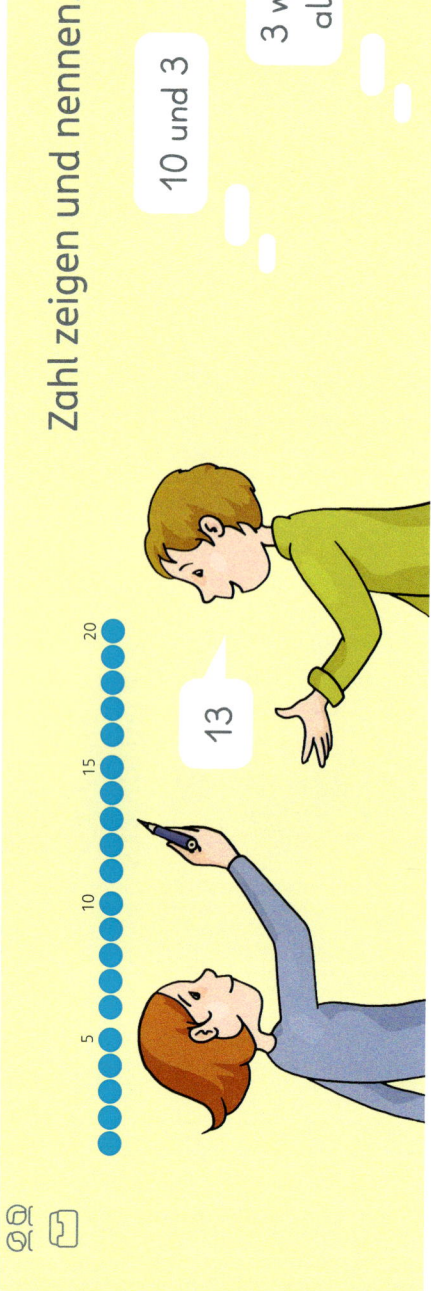

13 — 10 und 3 — 3 weiter als 10

Struktur der Zwanzigerreihe besprechen (Gliederung in Fünfergruppen). Verdeckte Zahlen an der Zwanzigerreihe zeigen und benennen. 1 Verdeckte Zahlen aufschreiben. 2 Zahlenreihe selbst zeichnen, Kreise formgetreu setzen.

(D) → Arbeitsheft, Seite 27

38

4 Legt der Reihe nach.

Ordnet zu.

Anna

5 Immer 2 weiter.

2	4	6	8					1	3	5			8	10
12	14			17	19			11	13			18	20	

6 Immer 5 weiter.

0	5	10					1			8	
2	7						11			13	
4				5							

✱ 7 Immer ■ weiter.

4, 5 Zahlenfolgen fortsetzen, Einerschritte und Zweierschritte, dekadische Analogien erkennen, besprechen und nutzen (1, 11 oder 2, 12...). Zur Orientierung evtl. auf Zwanzigerreihe (S. 38) hinweisen. 6 Immer vier passende Zahlen zusammensetzen (Vorstufe zu Zahlenraupe, S. 105). 7 Eigene Zahlenfolgen finden und notieren.

(K, D) → Arbeitsheft, Seite 27

Immer der Reihe nach

1 Wie heißt der Vorgänger?

	5		12		11
	15		9		1

2 Wie heißt der Nachfolger?

5		12		11	
15		2		1	

3 Wie heißen die Nachbarzahlen?

	3			9			12	
	13			19			2	

4 Welche Zahl ist dazwischen?

3		5		0		2		10
13		15		10		12		20

1–3 Zahlennachbarn bestimmen, die Begriffe *Nachbarzahlen*, *Vorgänger* und *Nachfolger* hervorheben. 4 Zahlbeziehungen zwischen zwei Zahlen mit Abstand 2 erkennen.

(K, D)

40

5

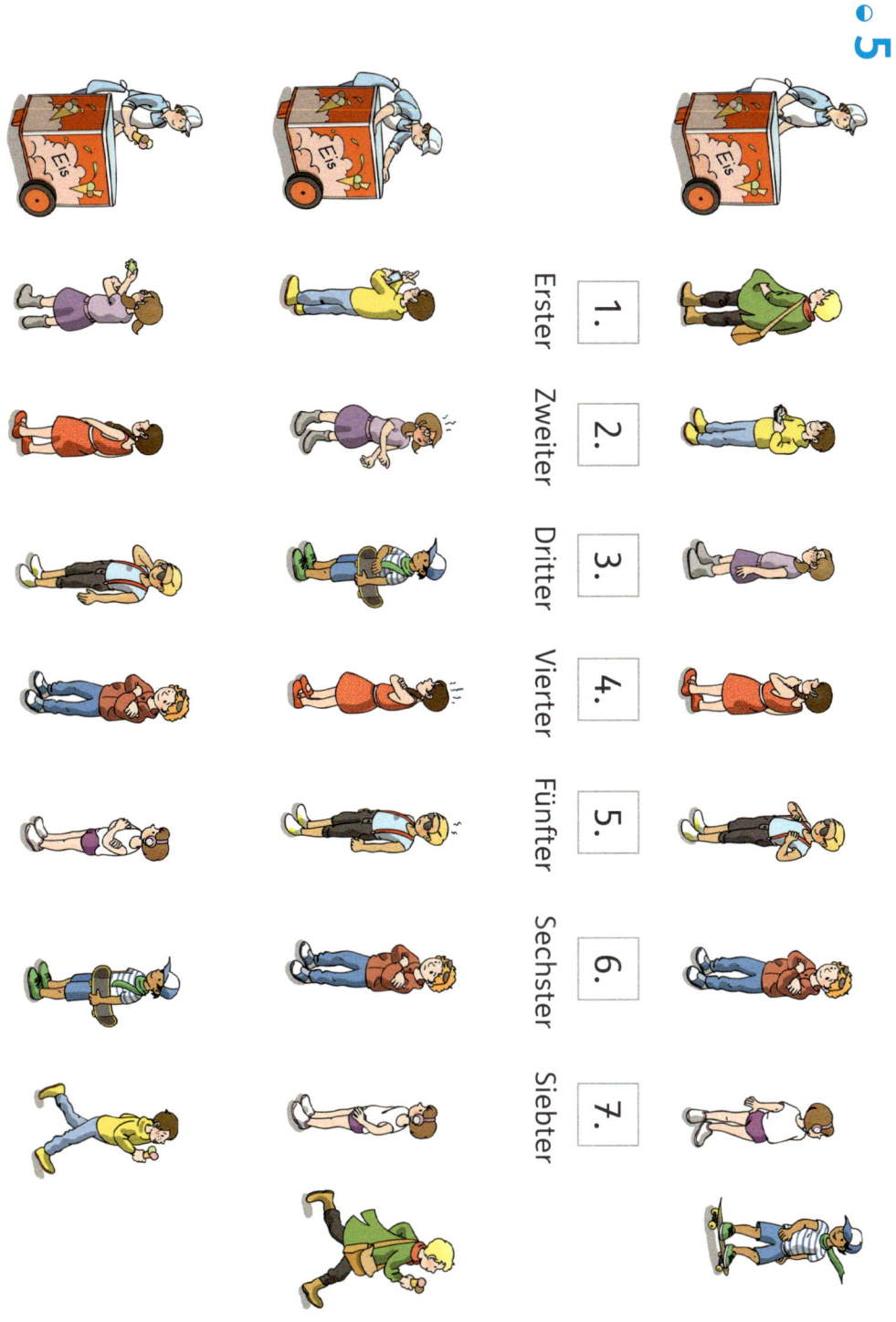

Erster Zweiter Dritter Vierter Fünfter Sechster Siebter

1. 2. 3. 4. 5. 6. 7.

6 Lena steht am Eiswagen.
Sie ist an der 4. Stelle.
Wie viele stehen **vor** Lena?

7 Mila steht am Eiswagen.
Vor Mila stehen 2 Kinder.
Hinter Mila stehen 5 Kinder.
Wie viele stehen am Eiswagen?

8 4 Kinder stehen am Eiswagen.
2 Kinder kommen **dazu**,
ein Kind geht **weg**.
Wie viele stehen am Eiswagen?

9 Mila steht am Eiswagen an der 3. Stelle. Ina steht an der 7. Stelle.
Wie viele stehen am Eiswagen **dazwischen**?

✱ 10 Finde Rechengeschichten.

(P, K, M) → Arbeitsheft, Seite 28

5 Situationen nachspielen und besprechen. Ordnungszahlen eintragen und benennen, Begriffe davor und dahinter bzw. vor und hinter sowie dazwischen klären.   **6–9** Rechengeschichten mit Plättchen oder Zeichnung darstellen und lösen.
10 Eigene Rechengeschichten zum Kontext „Schlange stehen" erfinden.

41

Kleiner, größer, gleich

kleiner als
$7 < 9$

gleich
$7 = 7$

größer als
$7 > 6$

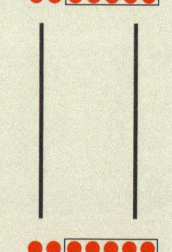

1 Vergleiche. < oder > oder = ?

$3 < 7$

2
5 ◐ 4	4 ◯ 10	10 ◯ 2	2 ◯ 20	15 ◯ 16
5 ◐ 1	1 ◯ 10	10 ◯ 12	12 ◯ 20	15 ◯ 15
5 ◐ 10	10 ◯ 10	10 ◯ 20	20 ◯ 20	15 ◯ 14

3 Die größere Zahl gewinnt.

Verloren, 2 ist kleiner als 5.

Gewonnen, 6 ist größer als 4.

Relationszeichen < und > sowie Sprechweisen einführen. Das Krokodil „schnappt" immer nach der größeren Anzahl. Das Maul erinnert an das Zeichen. Auch das Gleichheitszeichen thematisieren. **1, 2** Zahlen vergleichen; *kleiner* (<) oder *gleich* (=) oder *größer* (>) eintragen. **3** Partnerspiel zu zweit spielen. Wendekarten verwenden.

 (K, D) → Arbeitsheft, Seite 29

42

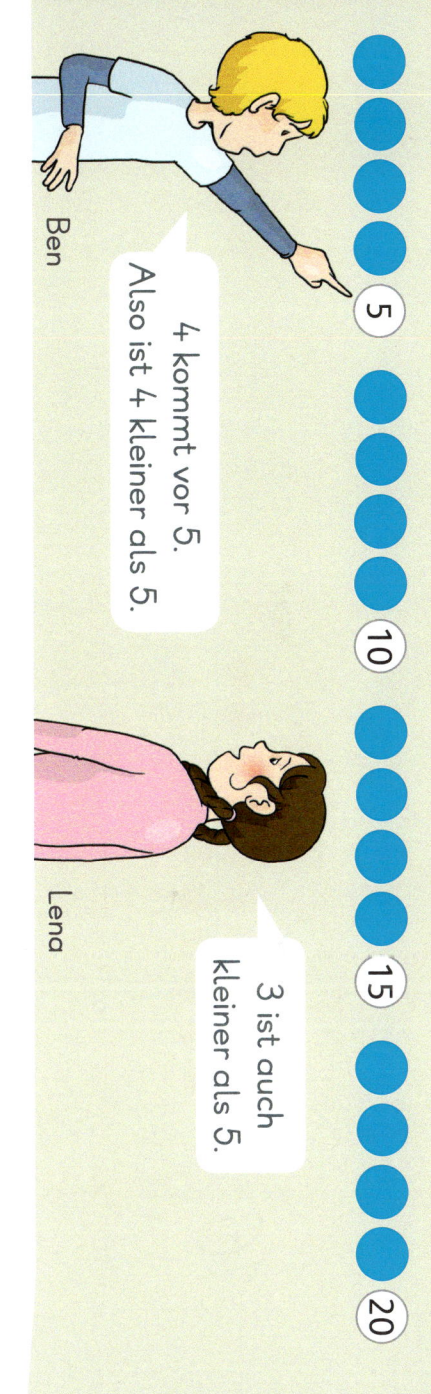

Ben: 4 kommt vor 5. Also ist 4 kleiner als 5.

Lena: 3 ist auch kleiner als 5.

• **4** Finde passende Zahlen.

■ < 5   4 < 5   5 < ■   ■ > 10   ■ < 10   ■ < ■

○ **5** Vergleicht immer zwei Zahlen.

| 2 | 5 | 9 | 15 | 20 |

2 < ☐   9 > 5

✻ **6** Spielt Zahlen raten.

Paula: Ist es 11?
Ina: Nein, die Zahl ist größer.
Paula: Ist es 15?
Ina: Nein, die Zahl ist kleiner.
Paula: Ist es 13?
Ina: Nein, die Zahl ist kleiner.
Paula: Dann weiß ich die Zahl.

4 Zahlen an der Zwanzigerreihe vergleichen. **5** Ausgewählte Anzahl an Zahlen miteinander vergleichen und anordnen. **6** Zahlen raten in Gruppen oder mit der ganzen Klasse spielen.

(P, K, A, D) → Arbeitsheft, Seite 29

43

Rückblick

Ich kann Zahlen bis 20 lesen, schreiben und vergleichen.

16

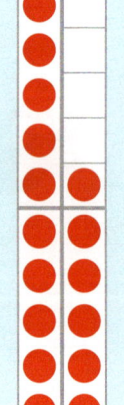

10 + 6

16

2 Nachbarzahlen, der Vorgänger und der Nachfolger: 15, 16, 17

1

12

17

10 + 7

15

20

2 Immer 10.

5 +
3 +
6 +

3 Immer 20.

15 +
13 +
16 +

14 +
20 +
+

4 Welche Zahlen liegen unter den roten Plättchen?

⑤ ⑩ ⑮ ⑳

5 Wie heißen die Nachbarzahlen?

| 4 | 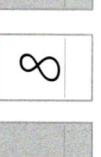 | 8 | 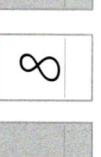 |
| 14 |  | 18 | 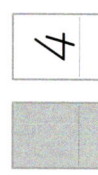 |

6 Vergleiche.

10 ◯ 5   3 ◯ 5
10 ◯ 20   5 ◯ 13
10 ◯ 9   3 ◯ 15
10 ◯ 11   15 ◯ 13

7 Übt immer wieder.

Immer 20 (Seite 36)   Zahlenreihe (Seite 38)

44   Wesentliche Aspekte des Kapitels noch einmal reflektieren.   ■ (D) → Arbeitsheft, Seite 30

Forschen und Finden: Rot gegen Blau

✱ 1 Rot gegen Blau. Spielt „10 gewinnt".

Spielregel
1. Abwechselnd Plättchen legen.
2. Immer nur 1 oder 2 Plättchen legen.
3. Wer die 10 trifft, gewinnt.

Ben — Ich lege jetzt lieber nur 1.

Eva — Wenn Ben 2 legt, gewinne ich.

• 2 Rot gewinnt. Finde Möglichkeiten.

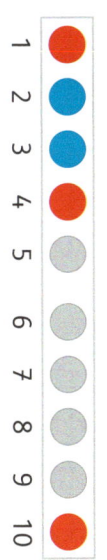

• 3 Rot sagt: „Wer beginnt, der gewinnt." Stimmt das immer? Erkläre.

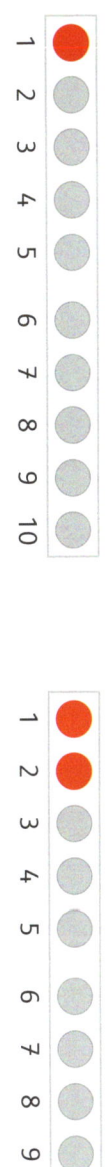

• 4 Spielt „20 gewinnt".

• 5 Wie kann Blau sicher gewinnen? Finde Gewinnfelder.

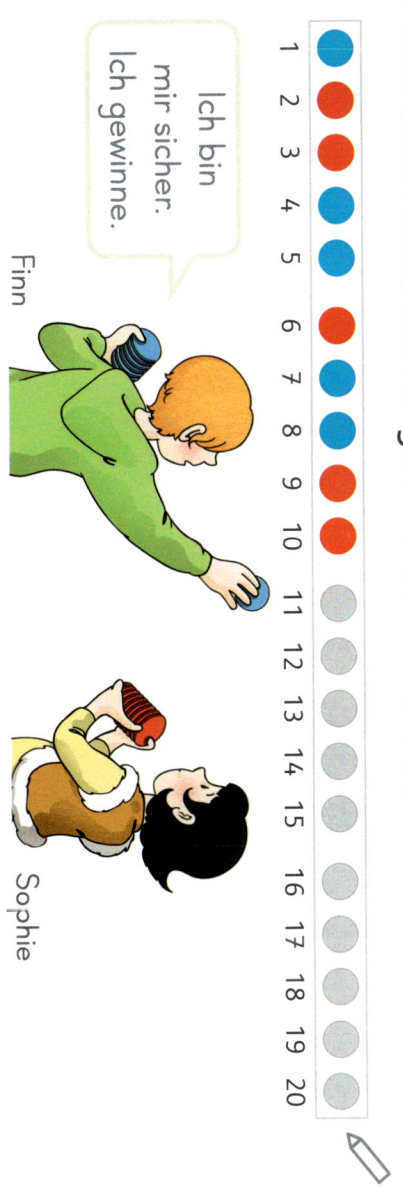

Finn — Ich bin mir sicher. Ich gewinne.

Sophie

Rot gegen Blau (NIM-Spiel) mit allen Kindern spielen, dann in Partnerarbeit tiefer erkunden. **1–3** Die Kinder notieren und vergleichen mögliche Spielausgänge; insbesondere bei Nr. 2 die Gewinnfelder reflektieren. **4, 5** Das Spiel auf die Zahlen bis 20 erweitern. Die Kinder dokumentieren ihre Spielzüge, Begriffe *sicher* und *Gewinnfeld* thematisieren.

■ (P, K, A, D) → Arbeitsheft, Seite 31

45

Formen in der Umwelt

○ **1** Zeichne Formen.

○ **2**

Dreieck Quadrat Rechteck Kreis

1 Formen im Klassenraum (*Rechteck, Quadrat, Dreieck, Kreis*) suchen und auf drei „Plakaten" zeichnen. Eigenschaften der Formen besprechen, Begriffe *Ecke* und *Seite* einführen. 2 Geometrische Formen in den Gegenständen finden und den Fachbegriffen zuordnen.

■ (K, A) → Arbeitsheft, Seite 32

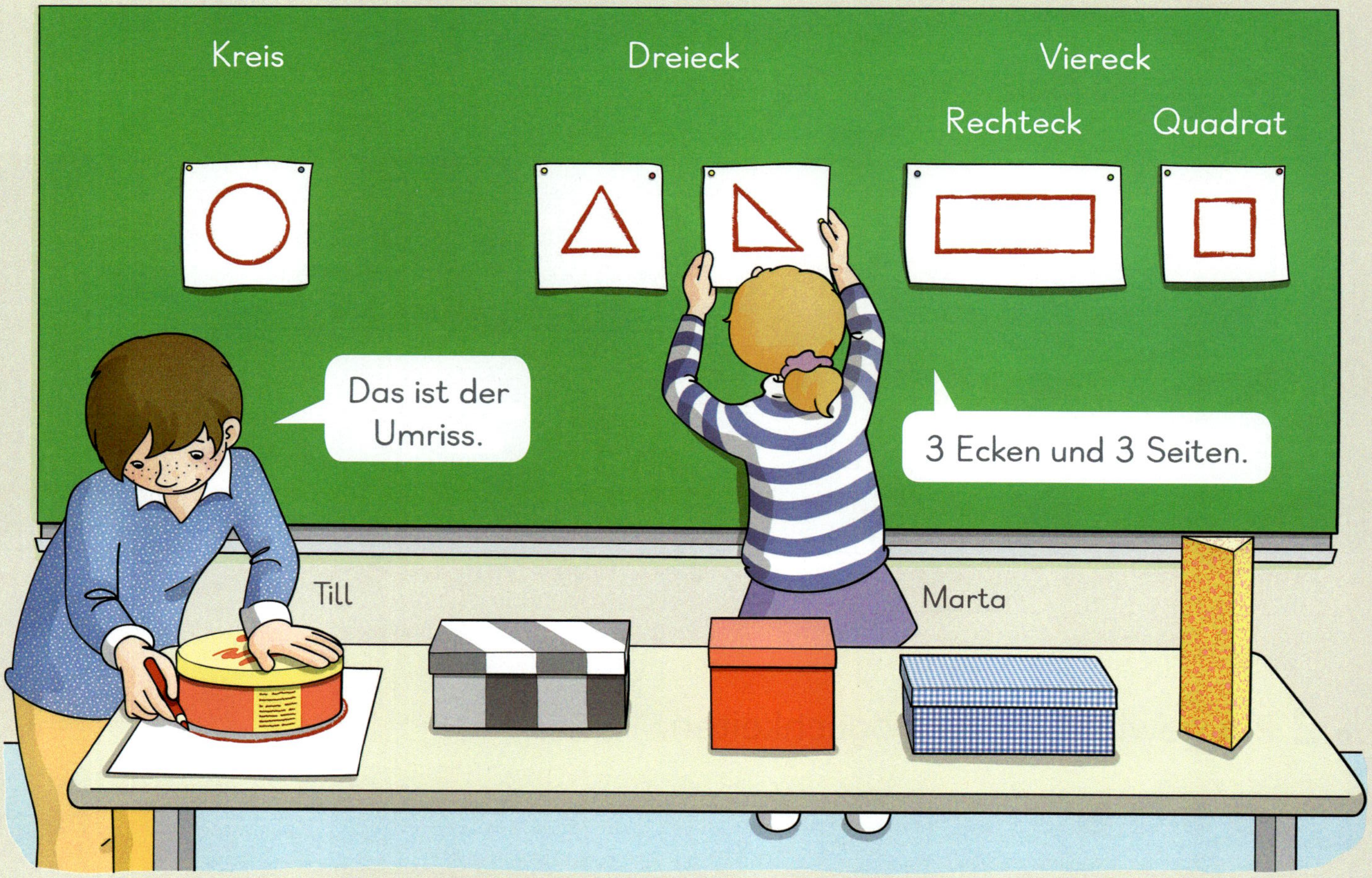

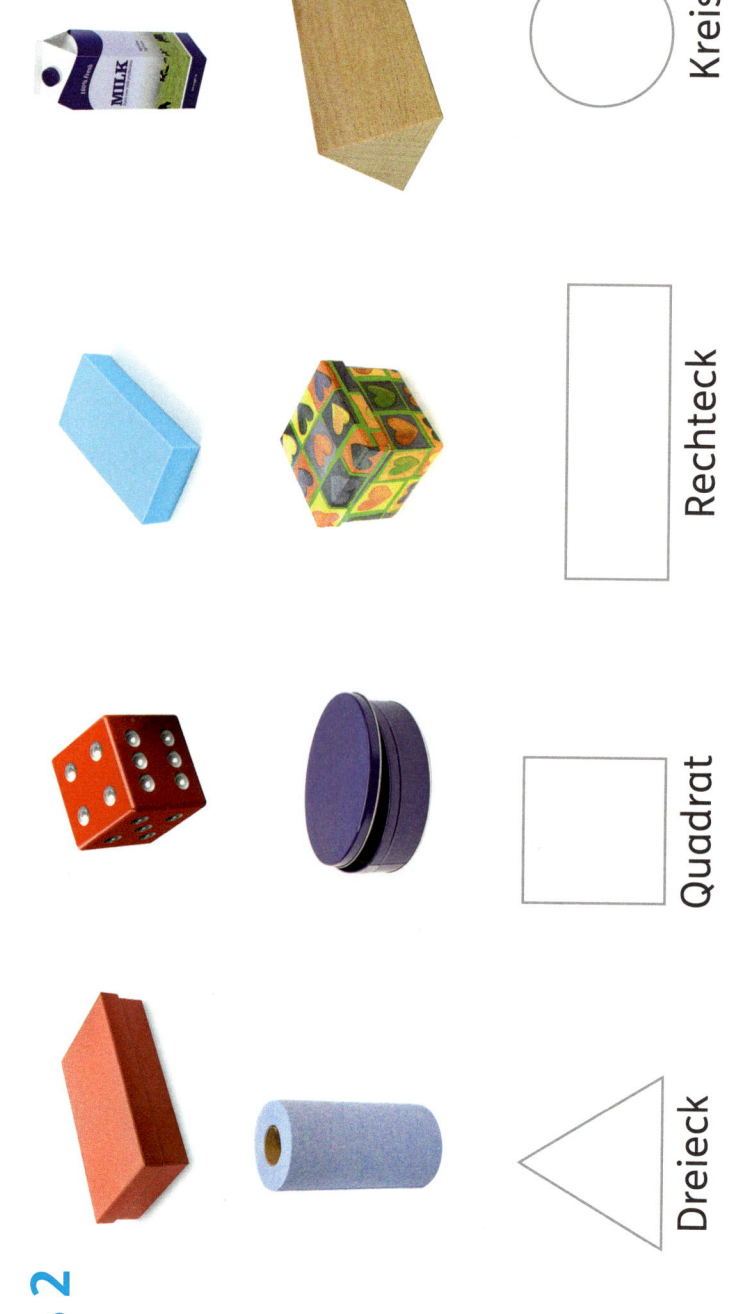

3 Welche Formen entstehen? Schreibe oder male △ □ ○.

Rechteck

4 Welche Formen sind es?

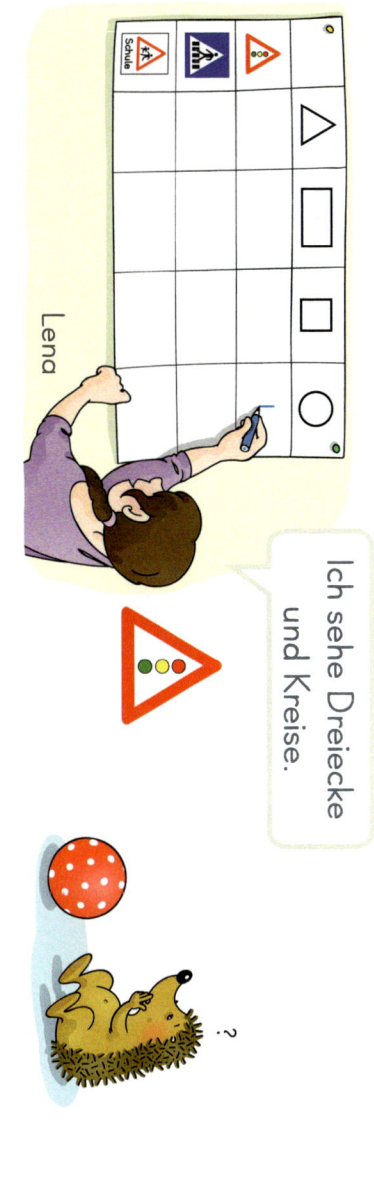

Ich sehe Dreiecke und Kreise.

Lena

Formen in der Umwelt erkennen. 3 Formen zeichnerisch oder mit Fachbegriff darstellen. 4 Geometrische Formen in Verkehrsschildern finden. Anzahl notieren.
Weiterführung und Vertiefung: Thema Gesundheit.

(K, D) → Arbeitsheft, Seite 32

47

Muster legen

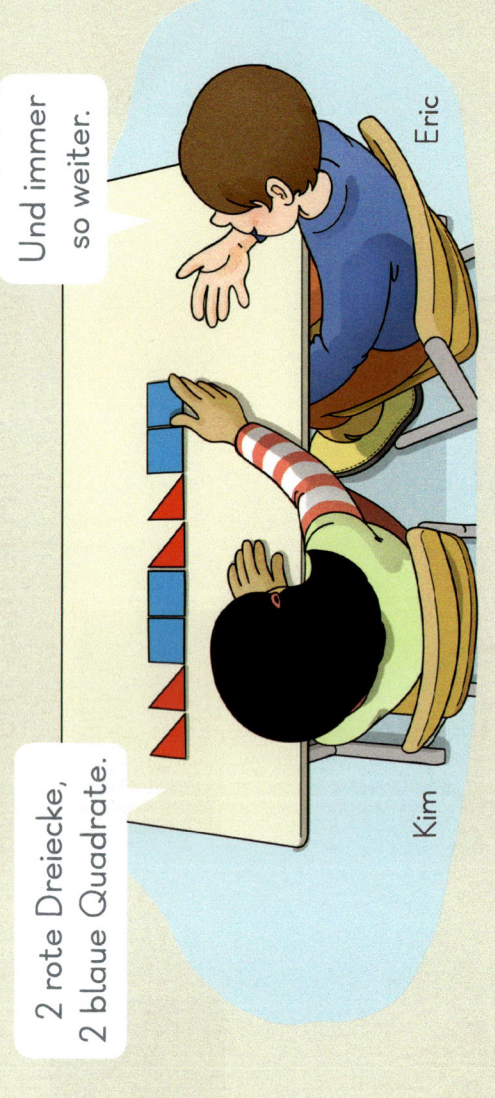

2 rote Dreiecke, 2 blaue Quadrate.

Und immer so weiter.

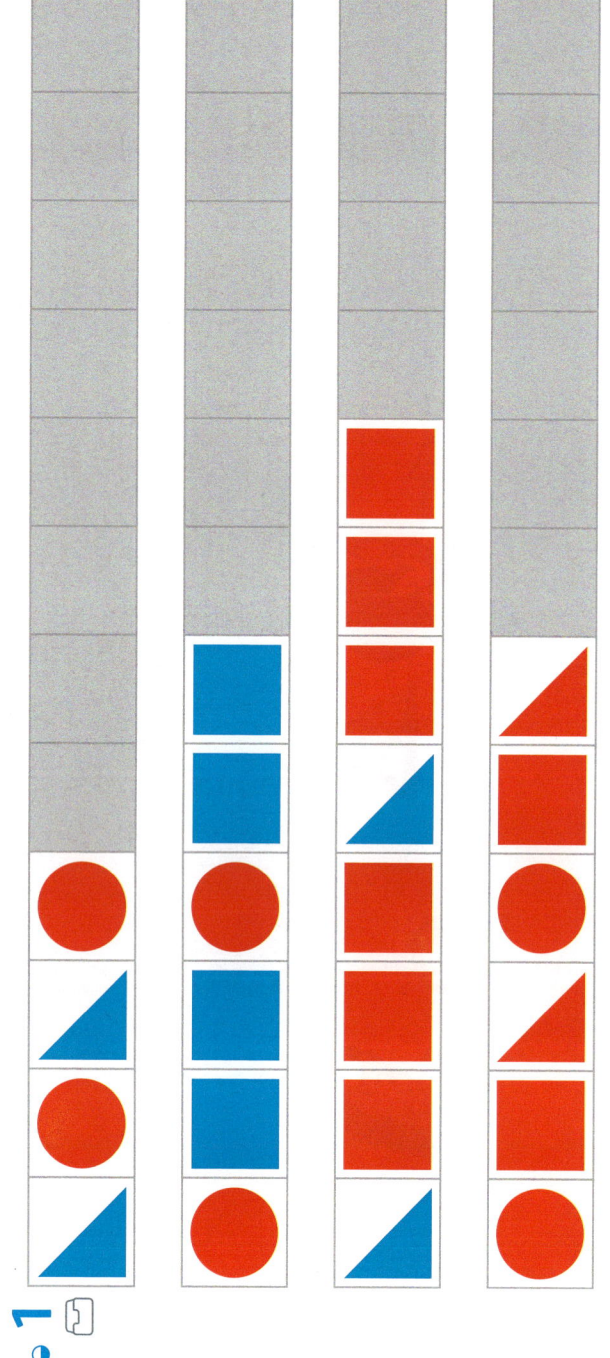

1

2 Legt und beschreibt.

Ein blaues Dreieck, dann drei blaue Kreise und dann immer so weiter.

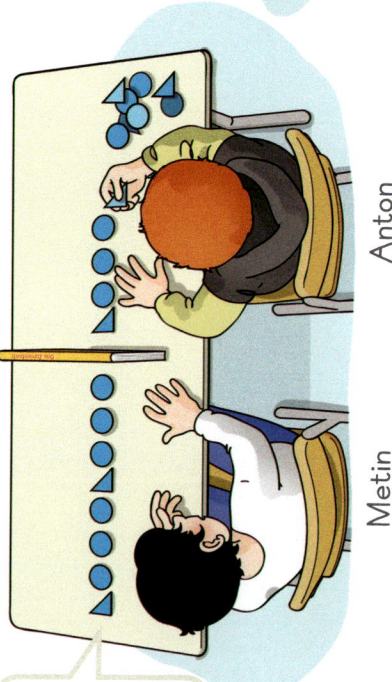

In geometrischen Mustern Grundmuster identifizieren. Muster fortsetzen. Dabei Formenbegriffe Kreis, Quadrat und Dreieck üben. **1** Muster erkennen und mit Material und zeichnerisch fortsetzen. Über Muster sprechen. Was bleibt gleich? Was verändert sich? **2** Eigene Muster erfinden, mit Material legen und beschreiben.

(K, A, D) → Arbeitsheft, Seite 33

48

3 Lege Muster in Zweierreihen.

✱ 4 Lege Muster in Zweierreihen. Beschreibe sie deinem Partner.

3 Doppelreihen mit Material und zeichnerisch fortsetzen. Über die Muster und deren Fortsetzung sprechen. 4 Eigene Muster in Doppelreihen legen und beschreiben. Dabei Raum-Lage-Bezeichnung wie rechts von, darunter, darüber, oben, unten üben.

■ (K, A, D) → Arbeitsheft, Seite 33

49

Falten und Schneiden

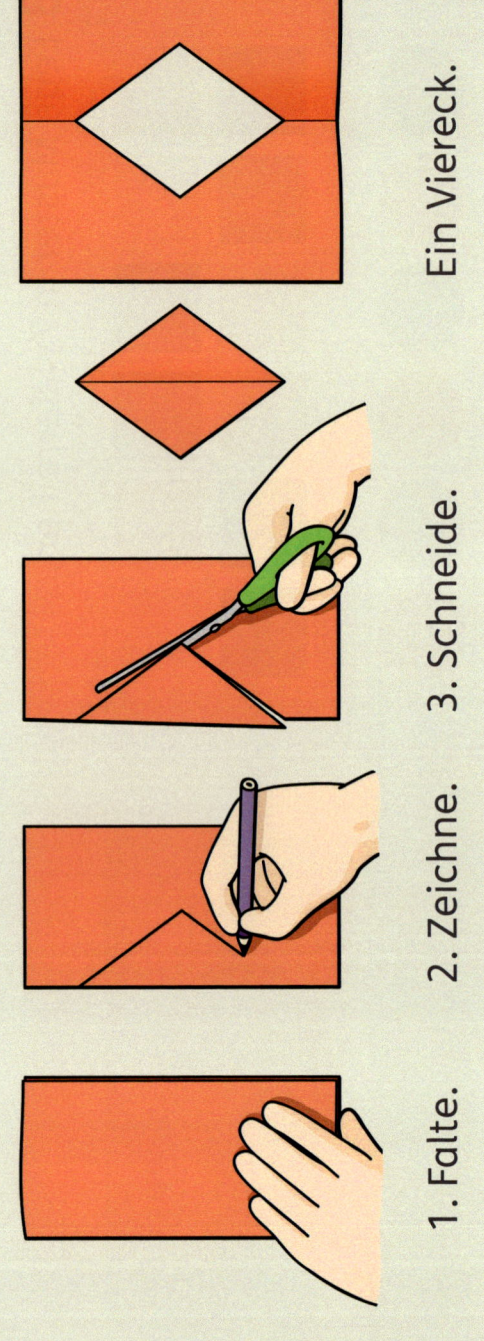

1. Falte.   2. Zeichne.   3. Schneide.   Ein Viereck.

● **1** Falte, zeichne, schneide. Finde Vierecke.

● **2** Falte, zeichne, schneide. Finde Dreiecke.

○ **3** Was gehört zusammen?

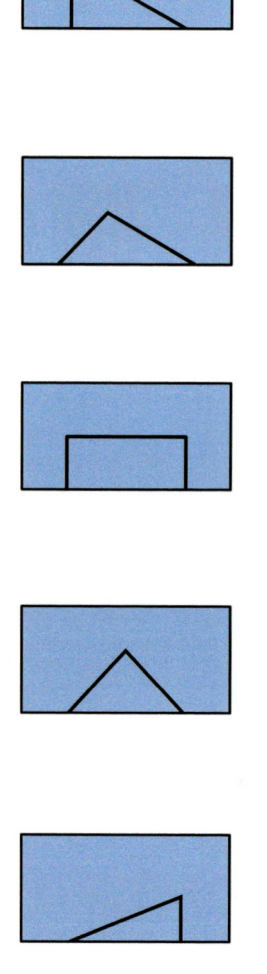

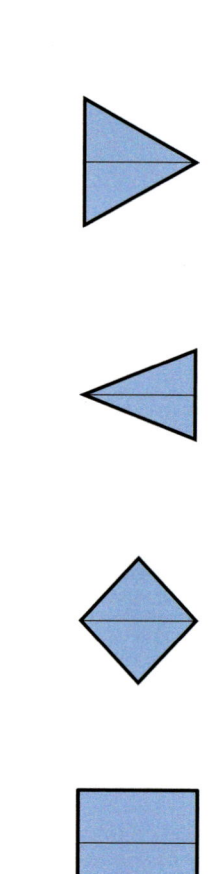

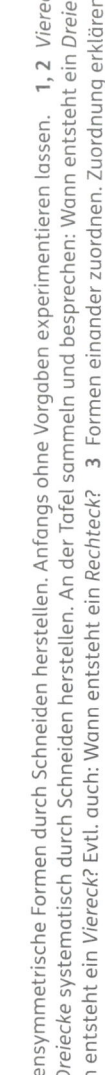

Achsensymmetrische Formen durch Schneiden herstellen. Anfangs ohne Vorgaben experimentieren lassen. **1, 2** *Vierecke* und *Dreiecke* systematisch durch Schneiden herstellen. An der Tafel sammeln und besprechen: Wann entsteht ein *Dreieck*? Wann entsteht ein *Viereck*? Evtl. auch: Wann entsteht ein *Rechteck*? **3** Formen einander zuordnen. Zuordnung erklären.

■ (P, K)

4 Welche Form passt? Erkläre.

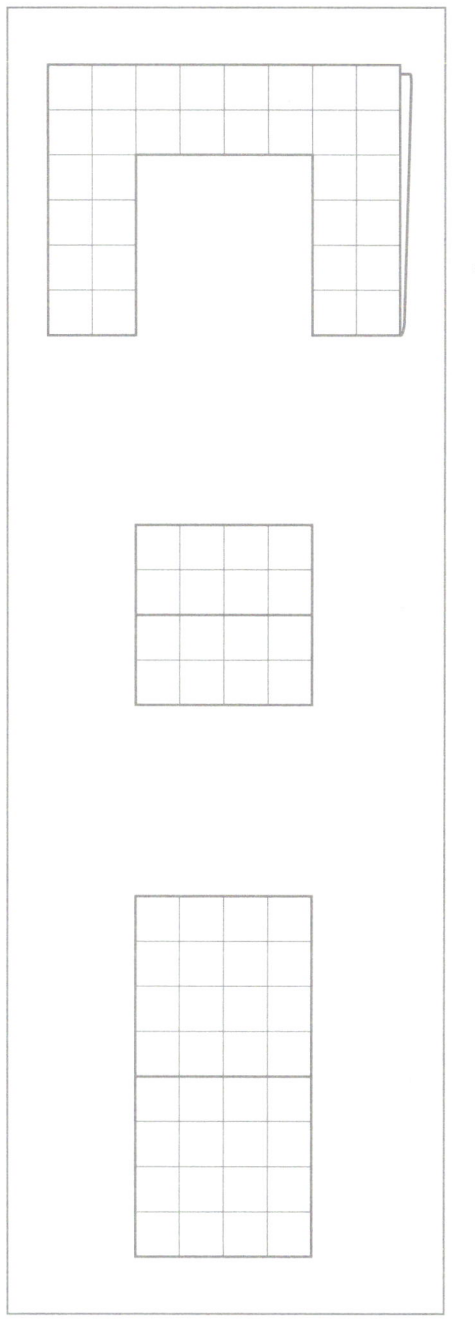

5 Was gehört zusammen? Erkläre.

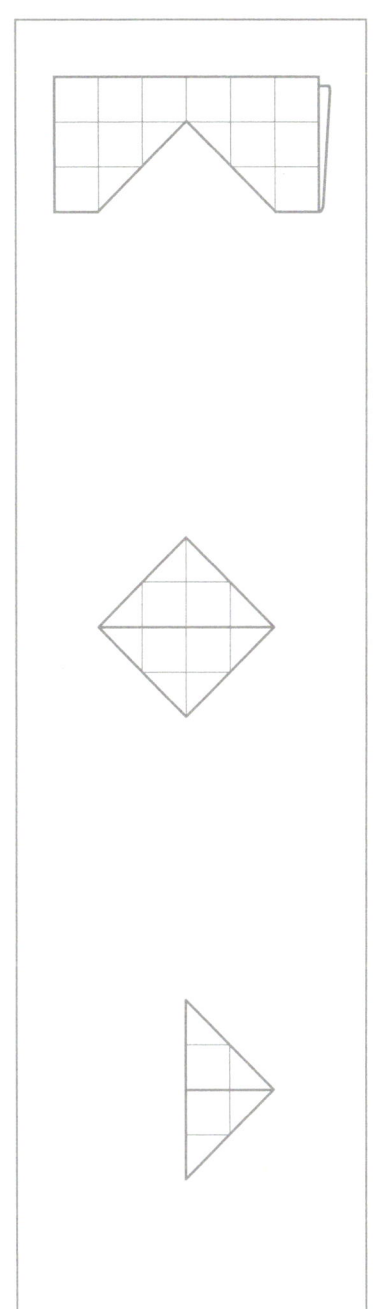

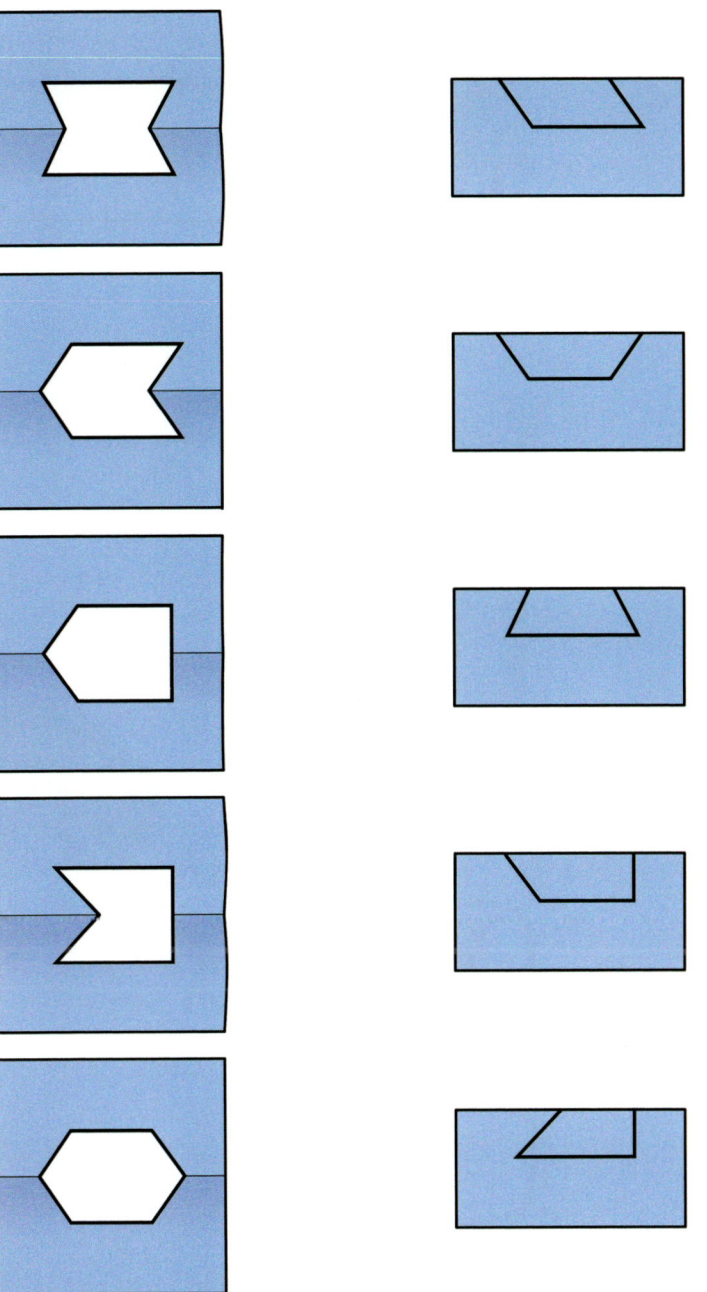

4 Vermuten und begründen, welche Form beim Schneiden entstehen kann. Dabei Begriffe wie Ecke und Seite verwenden. Evtl. mit Material überprüfen. 5 Formen einander zuordnen. Zuordnung erklären.

■ (P, K, A)

51

Münzen und Scheine

Euro-Münzen

Euro-Scheine

1

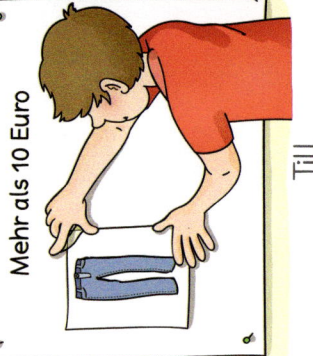

Weniger als 1 Euro — Zwischen 1 Euro und 10 Euro — Mehr als 10 Euro

Till

2

 ▪ Euro

  ▪ Euro

 ▪ Euro

 ▪ Euro

 ▪ Euro

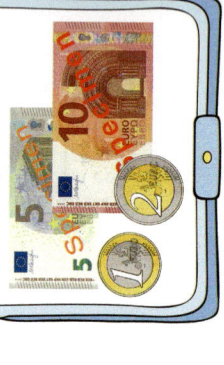 ▪ Euro

3

4 Ordne die Münzen und Geldscheine nach ihrem Wert.

52

1-Euro- und 2-Euro-Münze, 5-Euro-, 10-Euro- und 20-Euro-Schein vorstellen. **1** Plakate gestalten, um den Wert des Geldes begreifbar zu machen. **2** Geldbeträge bestimmen. **3** Schreibweise des Zeichens für Euro üben.

■ (K, D) → Arbeitsheft, Seite 34

5 Wie viel fehlt?

8 €

②

10 €

12 €

6 Immer 20 Euro.

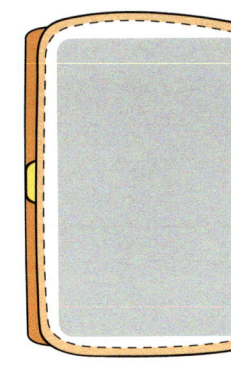

20 €

10 10

7 Immer 15 Euro.

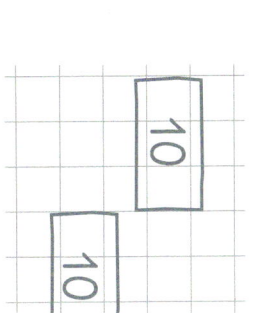

15 €

8 Immer 5 Euro.

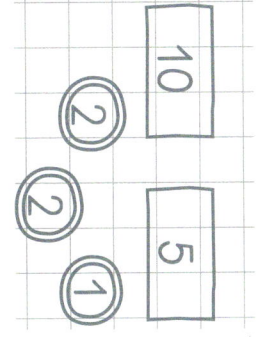

5 €

10 ② ②
5 ①

9 Immer 10 Euro.

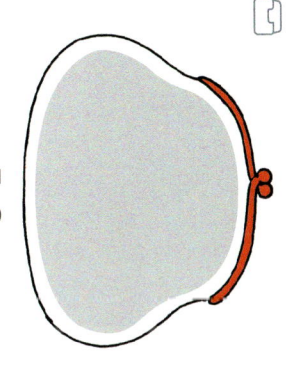

53

5 Fehlende Münzen und Scheine zeichnen. Evtl. vorher legen.   6, 7 20 Euro und 15 Euro auf verschiedene Weise legen.
8, 9 5 Euro und 10 Euro auf verschiedene Weise legen, evtl. alle Möglichkeiten aufmalen.
Weiterführung und Vertiefung: Selbstbestimmtes Verbraucherverhalten.

■ (P, K, M, D)   → Arbeitsheft, Seite 34

Einführung der Plusaufgaben

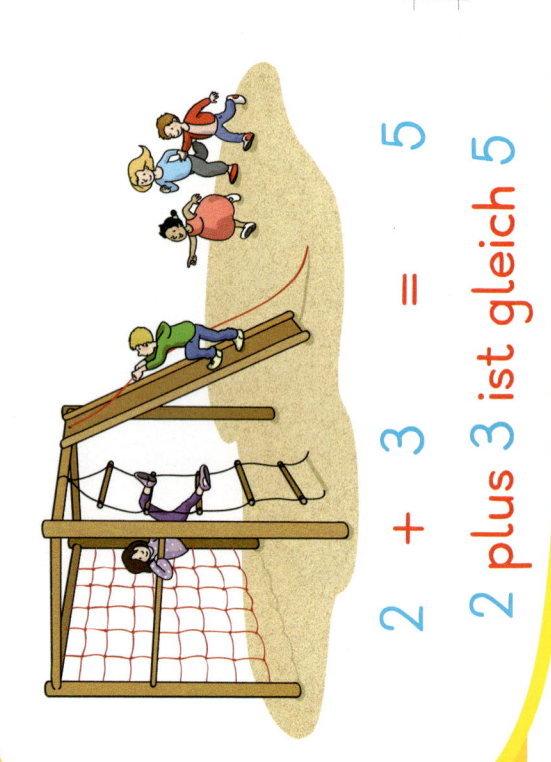

2 + 3 = 5

2 plus 3 ist gleich 5

2 + 3 = 5

○ **1** Erzähle. Was passiert? Finde Plusaufgaben.

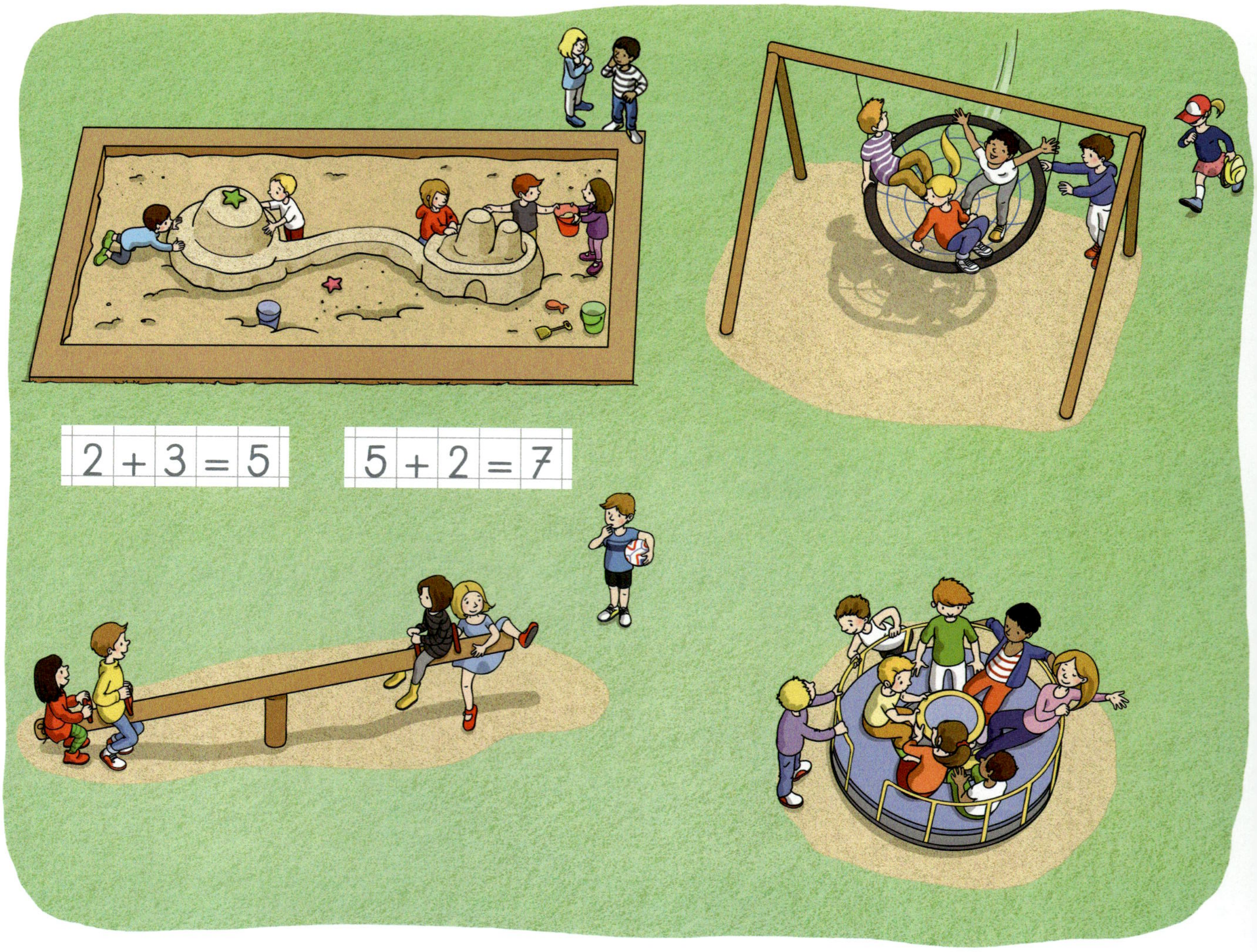

2 + 3 = 5 5 + 2 = 7

1 Kinder zum Erzählen über die Sachsituation anregen. Dabei an Beispielen schon auf Tauschaufgaben eingehen. Möglich sind hier unterschiedliche Plusaufgaben, erlaubt sind auch Aufgaben mit drei oder mehr Zahlen. Struktur einer Plusaufgabe besprechen (*erste Zahl, Pluszeichen, zweite Zahl, Gleichheitszeichen, Ergebnis*).

■ (K, M, D) → Arbeitsheft, Seiten 35, 36

Plusaufgaben in der Umwelt

2 Welche Aufgaben passen zum Bild? Begründe.

| 2 + 3 |
| 2 + 2 |
| 3 + 2 |
| 3 + 1 |
| 2 + 1 |
| 2 + 2 + 1 |

3 3 + 4 =

3 + 4 = 7

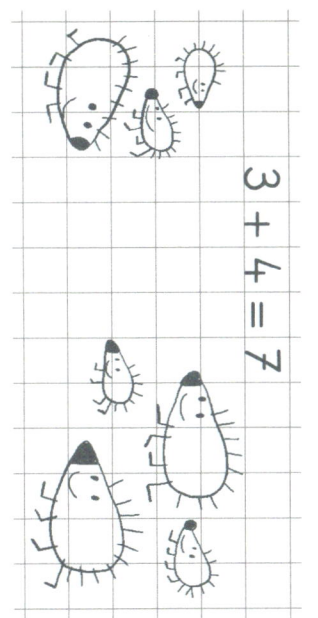

5 + 3 =	5 + 4 =
2 + 1 =	1 + 3 =
2 + 5 =	6 + 3 =

* 4 Schreibe Aufgaben und male Bilder dazu.

■ (K, M, D) → Arbeitsheft, Seiten 35, 36

2 Die Bilder beschreiben und dazu Geschichten erzählen. Verschiedene Aspekte oder Handlungen liefern verschiedene Aufgaben (dynamische und statische Vorstellungen). Mehrere passende Plusaufgaben zu den Bildern finden. 3 Zu vorgegebenen Plusaufgaben passende Bilder malen. 4 Eigene Rechenbilder malen und Aufgaben dazu schreiben.

Plusaufgaben am Zwanzigerfeld

$3 + 2 = 5$

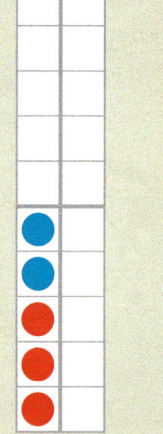

1 Finde Aufgaben.

$4 + 2 = 6$

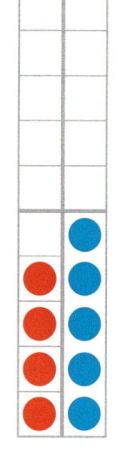

2 Legt und rechnet.

$4 + 3$	$5 + 5$	$2 + 7$
$4 + 4$	$6 + 5$	$4 + 5$
$4 + 5$	$7 + 5$	$8 + 1$

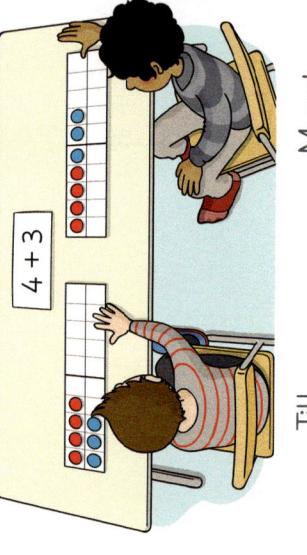

Murat

Till

3 Lege Aufgaben. Schreibe und rechne.

$5 + 3 = 8$

Besprechen, dass man die beiden Zahlen einer Aufgabe nebeneinander oder untereinander legen kann. **1** Aufgabe und das Ergebnis ablesen und notieren. **2** In Partnerarbeit die Aufgaben auf eine von beiden Weisen legen. **3** Eigene Aufgaben am Zwanzigerfeld legen und notieren.

(K, D) → Arbeitsheft, Seite 37

56

Tauschaufgaben

Max: 5 + 3
Lena: 3 + 5
Was sind Tauschaufgaben?

4 Finde Aufgabe und Tauschaufgabe.

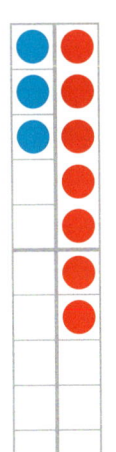

7 + 1 = 8   1 + 7 = 8

6 + 2   7 + 0   10 + 5   10 + 2

5
5 + 1   5 + 1 = 6
         1 + 5 = 6

6 Welche Aufgabe findest du einfacher? Kreuze an.

10 + 3   2 + 8   6 + 4   1 + 8
3 + 10   ☒ 10 + 3 = 13   8 + 2   4 + 6   8 + 1
         3 + 10 = 13

✿ **7** Schreibe Aufgaben und Tauschaufgaben.

57

Verdoppeln

1 Erzähle. Finde Aufgaben.

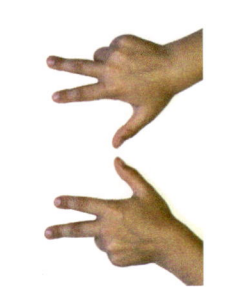
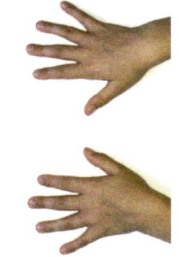

Immer das Doppelte. Erkläre.

2 Lege und rechne.   **doppelt**

 1 + 1

1 + 1 = 2

 4 + 4

 2 + 2

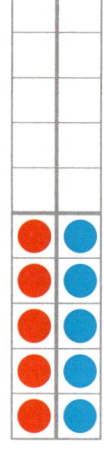 5 + 5

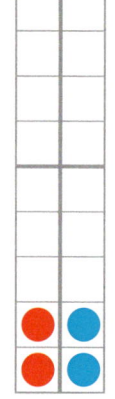 3 + 3

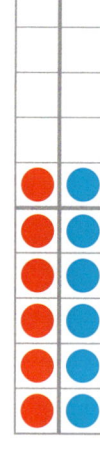 6 + 6

1 Kinder zum Erzählen zu den Sachbildern anregen, Begriffe *das Doppelte, Verdoppeln, Verdopplungsaufgabe* einführen. Erklärungen können mündlich, schriftlich, mithilfe eines Bildes oder einer Rechnung erfolgen.   2 Verdopplungsaufgaben am Zwanzigerfeld kennenlernen.

(K, A, D) → Arbeitsheft, Seite 39

58

3 Legt und rechnet immer beide Aufgaben. Was fällt euch auf? Erklärt.

1 + 1
6 + 6

2 + 2   3 + 3   4 + 4   5 + 5
7 + 7   8 + 8   9 + 9   10 + 10

❋ 4 Schreibe Aufgaben. → doppelt

5 Verdoppeln hilft. Was fällt euch auf? Erklärt.

1 + 1 = 2
1 + 2 = 3

1 + 1   2 + 2   4 + 4   5 + 5
1 + 2   2 + 3   4 + 5   5 + 6

6 + 6   7 + 7   8 + 8   10 + 10
6 + 7   7 + 8   8 + 9   ☐ + ☐

6

2 + 2   4 + 4   6 + 6   8 + 8   10 + 10
1 + 2   3 + 4   5 + 6   ☐ + ☐   ☐ + ☐

○ 7 ↯ Verdoppeln

Rote Zahl nennen und verdoppeln.

6

6 + 6 = 12

Bei 6 + 6 sehe ich 2 Fünfer.

6 + 6 sind 10 + 2.

59

3 Kraft der Fünf besprechen: 7 + 7 = (5 + 5) + (2 + 2). Zum Legen der zweiten Aufgabe Fünferstreifen nutzen. **3, 5** Begründungen mündlich, schriftlich, mithilfe eines geeigneten Bildes oder einer Rechnung. **5, 6** Am Beispiel A: Aufbau von Päckchen besprechen. Die Ergebnisse der Nachbaraufgaben sind immer 1 größer bzw. 1 kleiner als die Verdopplungsaufgabe.
■ (K, A, D)   → Arbeitsheft, Seite 39

Einfache Plusaufgaben

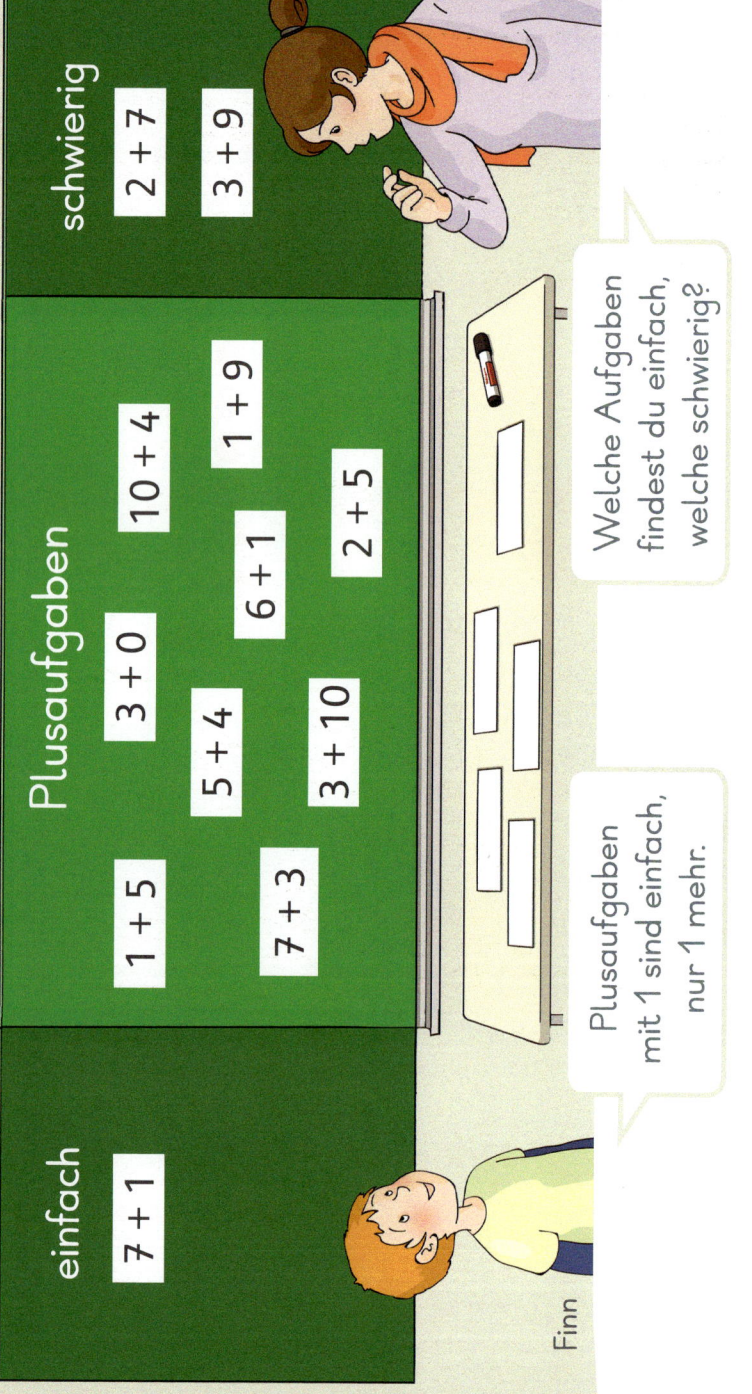

einfach
7 + 1   1 + 5
        3 + 0
   5 + 4
        10 + 4
   6 + 1
        1 + 9
   7 + 3
        3 + 10
   2 + 5

schwierig
2 + 7
3 + 9

Finn: Plusaufgaben mit 1 sind einfach, nur 1 mehr.

Welche Aufgaben findest du einfach, welche schwierig?

1 Welche Aufgaben findest du einfach? Schreibe und rechne.

1 + 4	8 + 2	1 + 6	10 + 5	2 + 5	10 + 4
2 + 3	1 + 1	0 + 8	5 + 5	6 + 4	▨ + ▨
			1 + 19	0 + 0	

1 + 4 = 5

2 Einfach legen – einfach rechnen. mit 10

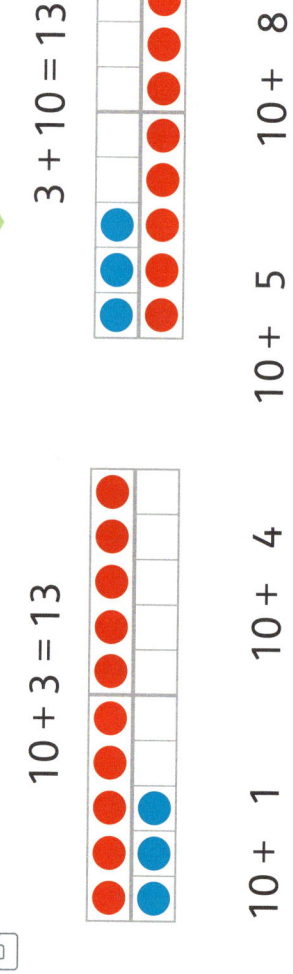

10 + 3 = 13   3 + 10 = 13

10 + 1   10 + 4   10 + 5   10 + 8
6 + 10   9 + 10   7 + 10   2 + 10

Lena: Ich lege die Aufgaben immer mit einem Zehner.

3
17 = 10 + ▨   16 = 10 + ▨   15 = ▨ + 10   19 = ▨ + 10
13 = 10 + ▨   12 = 10 + ▨   18 = ▨ + 10   14 = ▨ + 10

4 Einfach legen – einfach rechnen.

7 + 3 = 10

🔴🔴🔴🔴🔴🔴🔴🔵🔵🔵

6 + ▢ = 10	2 + ▢ = 10
4 + ▢ = 10	8 + ▢ = 10
1 + ▢ = 10	9 + ▢ = 10
5 + ▢ = 10	0 + ▢ = 10

3 + ▢ = 10
◆ ▢ = 10

🔴🔴🔴🔵🔵🔵🔵🔵🔵🔵

Ina: „= 10 Aufgaben sind einfach. Ich denke immer an den Zehner."

5 Einfach legen – einfach rechnen.

Eric: „Ich denke an die Tauschaufgabe 4 + ▢ = 10."

▢ + 4 = 10

Finn: „Es fehlen noch 1 und 5, also 6 + 4 = 10"

| ▢ + 8 = 10 | ▢ + 2 = 10 | ▢ + 1 = 10 | ▢ + 3 = 10 |
| ▢ + 5 = 10 | ▢ + 7 = 10 | ▢ + 10 = 10 | ▢ + 6 = 10 |

6 Lege, rechne und vergleiche.

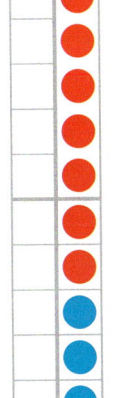

7 + 3		
2 + 3		
6 + 4	2 + 8	5 + 5
1 + 4	2 + 3	0 + 5
3 + 7	4 + 6	9 + 1
3 + 2	4 + 1	4 + 1

Anna: „So kann ich 7 + 3 auch legen. Ich sehe 2 + 3."

Einfache Plusaufgaben

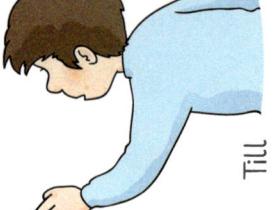

Till: *Ich kann die 3 unter den Fünfer oder daneben legen.*

1 Einfach legen – einfach rechnen. ◆ mit 5

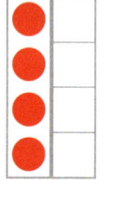 

$5 + 3 = 8$

5 + 2	5 + 1	5 + 4	5 + 5
2 + 5	4 + 5	3 + 5	1 + 5
		5 + 0	
		0 + 5	

Also sind es 10 plus 2.

2 Lege und rechne. ◆ mit 5

Max: *Ich lege den Fünfer unter die 7. Jetzt sehe ich 2 Fünfer und 2 Plättchen.*

$7 + 5$

| 7 + 5 | 5 + 9 | 5 + 8 | 5 + 7 | 5 + 6 |
| 6 + 5 | 8 + 5 | 9 + 5 | 10 + 5 | 5 + 5 |

3 Lege und vergleiche.

| 3 + 5 | 5 + 5 | 5 + 8 | 5 + 3 | 7 + 5 |
| 4 + 5 | 6 + 5 | 5 + 9 | 5 + 4 | 8 + 5 |

4
$8 = 5 + \blacksquare$ $7 = 5 + \blacksquare$ $9 = 5 + \blacksquare$ $11 = 5 + \blacksquare$
$8 = \blacksquare + 5$ $7 = \blacksquare + 5$ $9 = \blacksquare + 5$ $11 = \blacksquare + 5$

---

1 Aufgaben mit Fünferstreifen einfach legen und berechnen.   **2–4** Aufgaben mit Fünferstreifen vertiefen. Darauf achten, dass zwei Fünfer einen Zehner bilden.

■ (K, D)   → Arbeitsheft, Seite 41

5 Legt, rechnet und vergleicht.

🔶 mit 5   🟢 mit 10

| 5 + 7 | 5 + 9 | 7 + 5 |
| 10 + 2 | 10 + 4 | 2 + 10 |

| 5 + 6 | 5 + 8 | 9 + 5 |
| 10 + 1 | 10 + 3 | 4 + 10 |

> Ich muss nur den Fünfer umdrehen. Aus 5 + 7 mache ich 10 + 2.
> — Noah

5 + 7
10 + 2

> Die Ergebnisse sind gleich.
> — Anna

6 Lege, rechne und vergleiche.

| 5 + 3 | 5 + 6 | 5 + 1 | 5 + 8 | 5 + 10 |
| 10 + 3 | 10 + 6 | 10 + 1 | 10 + 8 | 10 + 10 |

| 7 + 5 | 4 + 5 | 2 + 5 | 9 + 5 | 0 + 5 |
| 7 + 10 | 4 + 10 | 2 + 10 | 9 + 10 | 0 + 10 |

7 Einfache Aufgaben: Ordne und rechne.

🔶 mit 5   🟢 mit 10   🔷 = 10   🟧 doppelt

| 5 + 3 | 6 + 4 | 10 + 2 | 3 + 10 | 5 + 4 | 2 + 5 | 2 + 2 | 3 + 3 | 1 + 5 |
| 7 + 3 | 9 + 1 | | | | | 6 + 10 | 10 + 10 | |

5 + 3 = 8

8 Einfache Aufgaben: Rechne.

4 + 1	5 + 3	5 + 6	5 + 5	10 + 3
6 + 1	4 + 4	3 + 7	5 + 3	5 + 10
1 + 4	6 + 4	2 + 8	10 + 2	6 + 4

✱ 9 Finde einfache Aufgaben.

■ (K, D) → Arbeitsheft, Seite 41

5, 6 Einfache Aufgaben mit 5 und 10 legen und vergleichen.   7–9 Einfache Aufgaben vertiefen und sichern.

63

Schwierige Plusaufgaben

8 + 7 = ▢

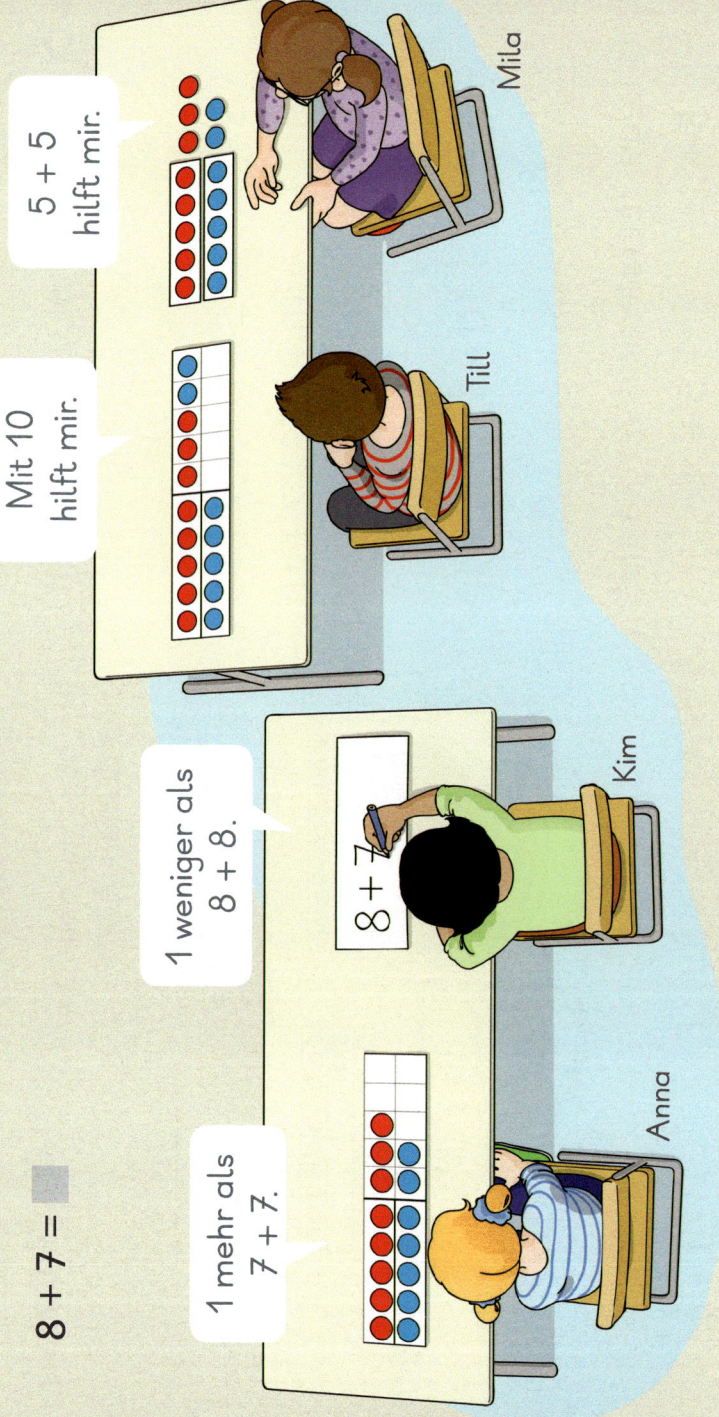

1 mehr als 7 + 7.
1 weniger als 8 + 8.
Mit 10 hilft mir.
5 + 5 hilft mir.

Anna · Kim · Till · Mila

1 Nachbaraufgaben: ◆ mit 10

7 + 3	10 + 3	10 + 6	10 + 4	10 + 8
8 + 3	9 + 3	9 + 6	11 + 4	11 + 8
2 + 10	8 + 10	4 + 10	6 + 10	7 + 10
2 + 9	8 + 9	4 + 9	6 + 11	7 + 11

2 Nachbaraufgaben: ◆ = 10

7 + 3	6 + 4	8 + 2	5 + 5	9 + 1
8 + 3	7 + 4	9 + 2	5 + 6	9 + 2

3 Nachbaraufgaben: ◆ doppelt

6 + 6	8 + 8	5 + 5	7 + 7	9 + 9
7 + 6	9 + 8	6 + 5	7 + 8	8 + 9

Im Eingangsbild besprechen, dass man einfache Aufgaben als Rechenhilfe für die Bewältigung schwieriger Aufgaben heranziehen kann. 1–3 Einfache Aufgaben in Beziehung zu den Nachbaraufgaben setzen.

(K, D) → Arbeitsheft, Seiten 42, 43

64

Das ist das Gleiche wie 7 + 5.

Marta

Aus 7 + 5 mache 7 + 3 + 2

Aus 7 + 5 mache ich eine = 10 Aufgabe. Dann rechne ich 10 + 2.

Kim

4 Verändere die Aufgaben ◇ = 10.

Aus 7 + 5 mache 7 + 3 + 2
Aus 9 + 6 mache 9 + 1 + 5
Aus 7 + 4 mache 7 + ▢ + ▢
Aus 8 + 6 mache 8 + ▢ + ▢

Aus 8 + 4 mache 8 + 2 + 2
Aus 6 + 7 mache 6 + 4 + 3
Aus 6 + 8 mache 6 + ▢ + ▢
Aus 9 + 7 mache 9 + ▢ + ▢

5 Legt und rechnet geschickt. Achtet auf ◆ mit 5 ◆ mit 10 ◆ = 10 ◆ doppelt.

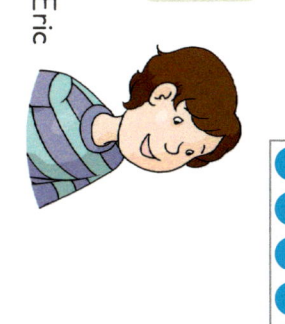

Ich verdopple.
8 + 8 + 1

Eric

Ich rechne mit 10.
10 + 8 − 1

Mila

| 9 + 8 | 4 + 8 | 6 + 7 | 6 + 9 | 9 + 3 | 7 + 6 |
| 8 + 6 | 4 + 7 | 4 + 9 | 3 + 8 | 8 + 9 | 9 + 7 |

Einstiegsbild besprechen. Begriffe *lange* und *kurze Aufgabe* klären, ebenso das Format „aus ... mache ...", warum die *lange Aufgabe* einfacher als die *kurze* ist und warum immer dasselbe Ergebnis herauskommt. 4 Besprechen, warum die *lange Aufgabe* einfacher als die *kurze* ist und warum immer dasselbe Ergebnis herauskommt. 5 Einfache Aufgaben zum Ableiten nutzen, um schwierige zu lösen.

(K, D)
→ Arbeitsheft, Seiten 42, 43

Verwandte Aufgaben

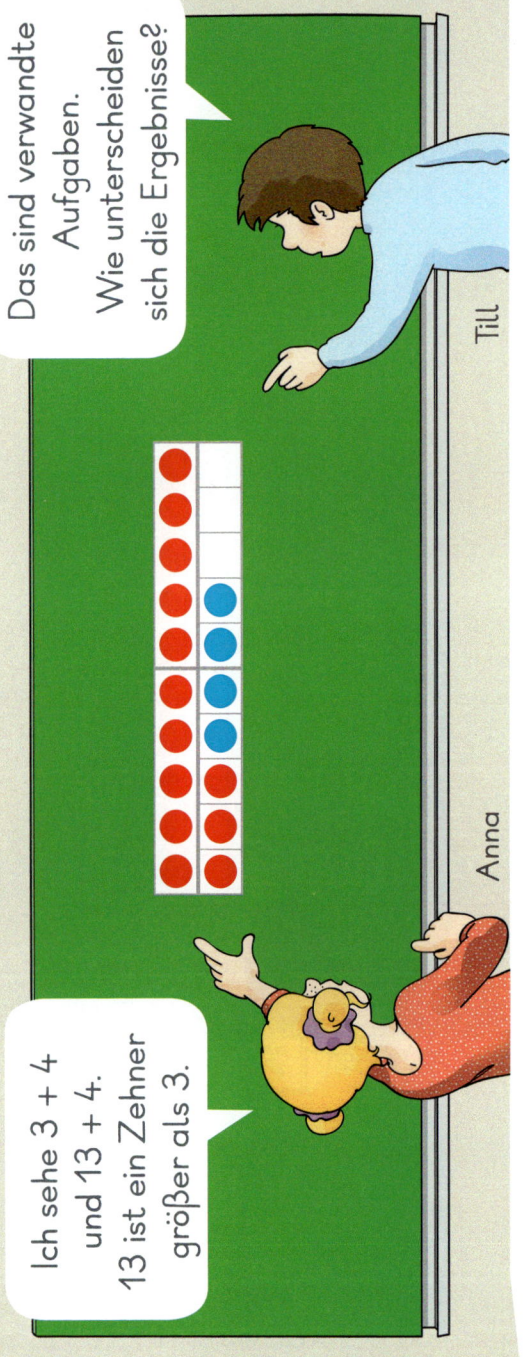

Ich sehe 3 + 4 und 13 + 4. 13 ist ein Zehner größer als 3. — Anna

Das sind verwandte Aufgaben. Wie unterscheiden sich die Ergebnisse? — Till

1 Lege und rechne: Einfach 10 mehr.

2 + 3	7 + 2	5 + 2	5 + 3	4 + 2
12 + 3	17 + 2	15 + 2	15 + 3	14 + 2
1 + 6	4 + 5	7 + 1	8 + 2	6 + 0
11 + 6	14 + 5	17 + 1	18 + 2	16 + 0

2 Rechne verwandte Aufgaben.

4 + 6	5 + 2	0 + 2	3 + 2	7 + 3
4 + 16	5 + 12	0 + 12	3 + 12	7 + 13
6 + 2	4 + 3	1 + 6	8 + 1	5 + 4
6 + 12	4 + 13	1 + 16	8 + 11	5 + 14

3 Schwierige Aufgaben?

2 + 1	5 + 3	4 + 4	3 + 2	2 + 8
12 + 11	15 + 13	14 + 14	13 + 12	12 + 18
4 + 5	6 + 2	7 + 1	4 + 3	5 + 5
14 + 15	16 + 12	17 + 11	14 + 13	15 + 15

1–3 Struktur des Dezimalsystems ausnutzen, um Aufgaben im größeren Zahlenraum auf bekannte Aufgaben zu beziehen. Besprechen, dass verwandte Aufgaben sich nur um einen oder mehrere Zehner in den Rechnungen unterscheiden. 3 Die Ergebnisse überschreiten den Zahlenraum bis 20, sind aber trotzdem nicht schwierig, da es sich um verwandte Aufgaben handelt.

(K, D)

4 Lege und vergleiche:  = 10 und verwandte Aufgaben.

3 + 7	2 + 8	6 + 4	1 + 9
13 + 7	12 + 8	16 + 4	11 + 9
3 + 17	2 + 18	6 + 14	1 + 19
	4 + 6	5 + 5	7 + 3
	14 + 6	15 + 5	17 + 3
	4 + 16	5 + 15	7 + 13

5 Finde verwandte Aufgaben.

3 + 5

Zu jeder Aufgabe finde ich zwei verwandte Aufgaben.

Mila

8 + 1   4 + 3
2 + 6   7 + 2

6 Schreibe Aufgaben und verwandte Aufgaben.

3 + 5 = 8
13 + 5 = 18
3 + 15 = 18

7 Plusaufgaben

4 + 3 = 7
3 + 4 = 7

Plusaufgaben legen, nennen und rechnen.

5 + 3 hilft mir.

1 mehr als 3 + 3.

1 weniger als 4 + 4.

4. Besondere verwandte Aufgaben legen und vergleichen. **5, 6** Eigene verwandte Aufgaben finden. Denkbar sind auch Aufgaben, die über den Zwanzigerraum hinausgehen. Zu 3 + 5 ist z. B. auch 23 + 5 eine verwandte Aufgabe.

67

Rückblick

Ich kann Plusaufgaben finden, legen, vergleichen und rechnen.

1 Finde Aufgaben zum Bild.

2
5 + 3   2 + 10   3 + 7   4 + 4
4 + 5   10 + 8   6 + 4   9 + 9

3 Rechne geschickt. Achte auf ◆ mit 5, ◆ mit 10, ◆ = 10, ◆ doppelt.

6 + 3   6 + 7   8 + 6   9 + 5
8 + 3   4 + 7   8 + 9   9 + 7

| 4 + 8 | = | 1 | 2 |
| 8 + 4 | = | 1 | 2 |

Tauschaufgaben haben das gleiche Ergebnis.

| 5 + 4 | = | | 9 |
| 15 + 4 | = | 1 | 9 |

Verwandte Aufgaben: Einfach 10 mehr.

4 Finde die Tauschaufgabe.

1 + 5   3 + 9

5 Finde verwandte Aufgaben.

5 + 2   4 + 6

6 Übt immer wieder.

Verdoppeln (Seite 59)   Plusaufgaben (Seite 67)

Wesentliche Aspekte des Kapitels noch einmal reflektieren.

(D) → Arbeitsheft, Seite 44

Forschen und Finden: Schöne Päckchen

Noah: Die erste Zahl wird um 1 größer und die zweite Zahl wird auch um 1 größer.

Anna: Dann wird das Ergebnis um 2 größer.

5 + 1 =
6 + 2 =

1 Schöne Päckchen.
Lege, rechne und erkläre.

5 + 1
6 + 2
7 + 3
8 + 4

Wie geht es weiter?

2 Wie geht es weiter?

7 + 5	5 + 4	4 + 5
7 + 4	4 + 4	5 + 6
7 + 3	3 + 4	6 + 7
7 + 2	2 + 4	7 + 8
7 + 1	1 + 4	

✽ Wie kann es weitergehen?

2 + 8   6 + 3

3 Schöne Päckchen?

5 + 2 = 7
6 + 3 = 9
7 + 3 =
7 + 4 = 11
8 + 5 = 13
9 + 6 = 15

1 + 3   5 + 9
3 + 4   6 + 7
5 + 5   7 + 5
7 + 7   8 + 2
9 + 7   9 + 1

Das Ergebnis ist immer 10. Die erste Zahl wird immer um 2 größer. Die zweite Zahl wird immer um 2 kleiner.

✽ **4 Till hat ein schönes Päckchen erfunden. Welches?**
Erfindet schöne Päckchen.
Beschreibt wie Till.

Till

1, 2 Muster im Aufbau schöner Päckchen besprechen, Muster mündlich beschreiben, mit Plättchen am Zwanzigerfeld illustrieren und begründen. Begriffe 1. Zahl, 2. Zahl, Ergebnis, wird größer, wird kleiner besprechen. 3 Aufgabenformat Schöne Päckchen? besprechen, Störungen finden, markieren und so abändern, dass sie sich in das Muster einfügen.

(P, K, A, D)
→ Arbeitsheft, Seite 45

69

Figuren legen

Ina   Anna

1 Lege und zeichne.

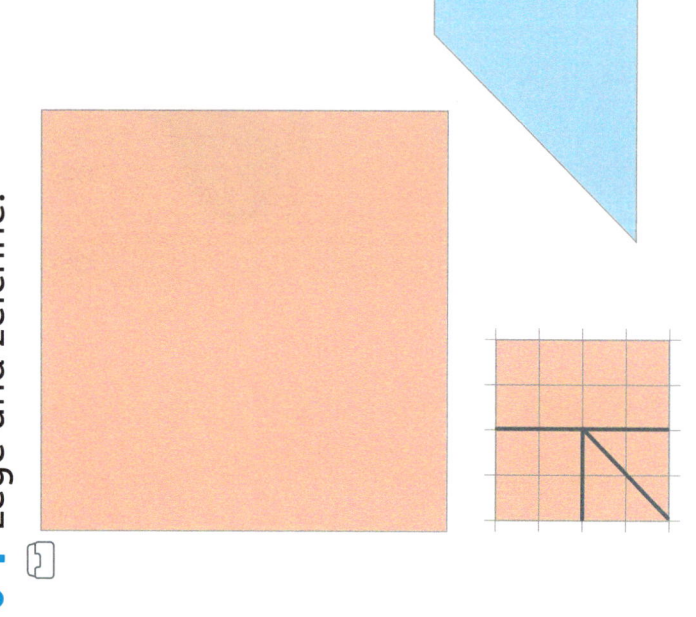

2 Lege und zeichne.
Nimm 1 Dreieck 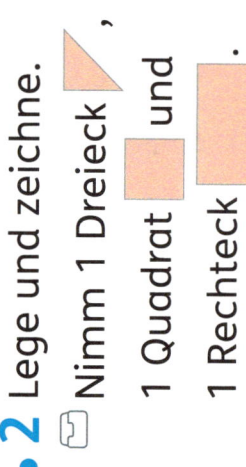,
1 Quadrat und
1 Rechteck.

1–4 Vorgegebene Formen mithilfe des Legematerials erzeugen. Dabei unterschiedliche Lösungen finden. Einsicht gewinnen, dass Formen durch andere Formen ersetzt werden können: 2 Dreiecke durch 1 Quadrat, 2 Quadrate durch 1 Rechteck ... Lösungen dokumentieren.

(P, K, A, D) → Arbeitsheft, Seite 46

70

◐ **3** Lege und zeichne.

● **4** Lege und zeichne. Benutze möglichst wenige Formen.

✽ **5** Lege und zeichne Figuren.
Nimm 2 Dreiecke ◣ , 2 Rechtecke ▬ und 2 Quadrate ◾ .

3 Figuren auslegen. 4 Figuren mit möglichst wenigen Formen auslegen. Gemeinsam vergleichen. Entscheidungen begründen lassen. 5 Eigene Figuren erfinden und ins Heft zeichnen.

(P, K, A, D) → Arbeitsheft, Seite 46

Ornamente

1 Quadrat und 2 Dreiecke.

Und immer so weiter.

Oben 1 Quadrat, unten 2 Dreiecke, dann umgekehrt.

Mila   Paula   Leo

1 Lege und zeichne weiter.

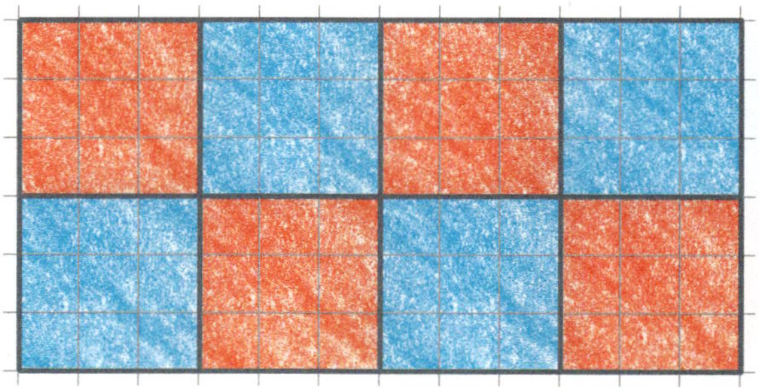

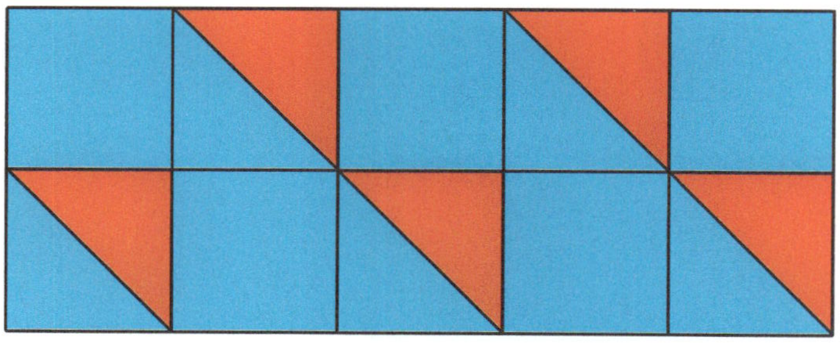

* 2 Lege Muster mit Quadraten, Rechtecken und Dreiecken. Zeichne.

Eigene Ornamente legen. Vom Partner fortsetzen lassen. ■ **1** Angefangene Ornamente fortsetzen. Über Fortsetzung sprechen. Begriffe *Dreieck, Rechteck* und *Quadrat*, aber auch Raumlagebegriffe wie *oben, unten, rechts, links* benutzen. **2** Eigene Ornamente mit dem Legematerial legen und zeichnen.

(P, K, A, D)   → Arbeitsheft, Seite 47

3 Zeichne nach und setze fort.

4 Zeichne nach und setze fort.

✱ 5 Zeichne Bänder.

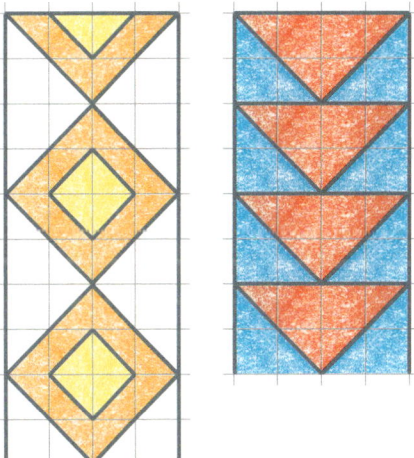

3, 4 Ornamente zeichnen. Regelmäßigkeiten in den Bändern besprechen. Begriffe Rechteck, Dreieck und Quadrat sowie oben, unten, rechts, links benutzen.   5 Eigene Bänder aus geometrischen Formen zeichnen sowie vom Partner fortsetzen lassen.

■ (P, K, A, D)   → Arbeitsheft, Seite 47

73

Spiegeln

Das ist die Symmetrieachse.

Mila

Das Zelt ist achsensymmetrisch.

Ben

1 Finde die Symmetrieachse.

1 Kinder experimentieren mit dem Spiegel und finden in den Gegenständen Symmetrieachsen. Begriff Symmetrieachse einführen. Gemeinsam über die Besonderheit einer achsensymmetrischen Figur sprechen. Erkennen, dass das Armband zwei Symmetrieachsen hat.

■ (P, K, A, D) → Arbeitsheft, Seite 48

74

2 Finde die Spiegelachse.

Aus ... mache ...

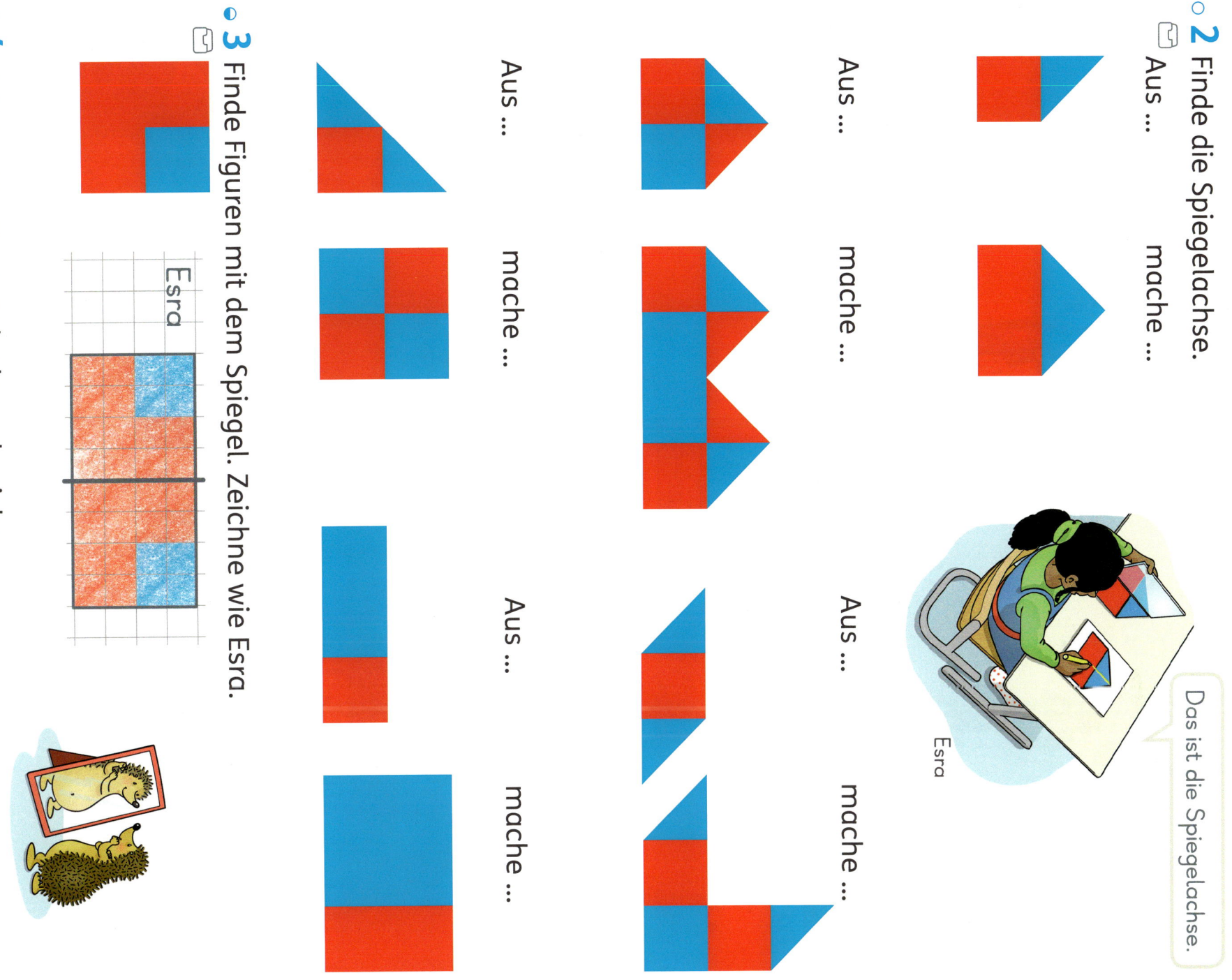

Das ist die Spiegelachse.

3 Finde Figuren mit dem Spiegel. Zeichne wie Esra.

4 Wähle eine Figur. Spiegle und zeichne.

2 Mit dem Legematerial achsensymmetrische Figuren erzeugen. Spiegelachsen in den Zielfiguren zeigen. 3 Aus einer vorgegebenen Figur möglichst viele unterschiedliche Zielfiguren mit dem Spiegel finden und dokumentieren (per Hand oder Lineal). 4 Eigene Startfigur wählen und unterschiedliche Zielfiguren mit dem Spiegel erzeugen.

(P, K, A, D) → Arbeitsheft, Seite 48

75

Einführung der Minusaufgaben

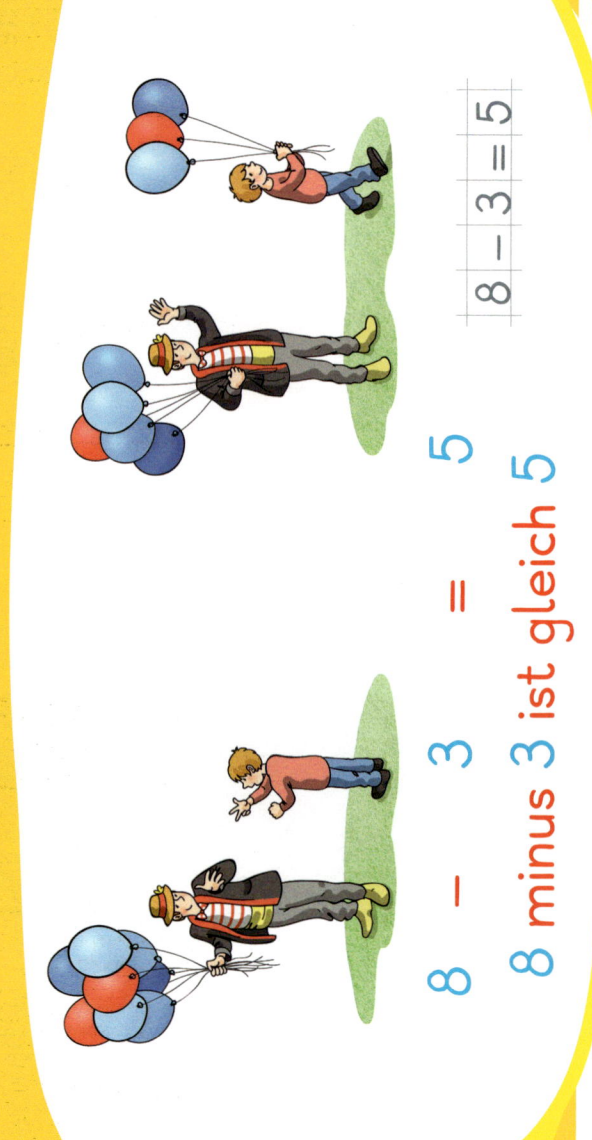

8 – 3 = 5

8 minus 3 ist gleich 5

8 – 3 = 5

○ 1

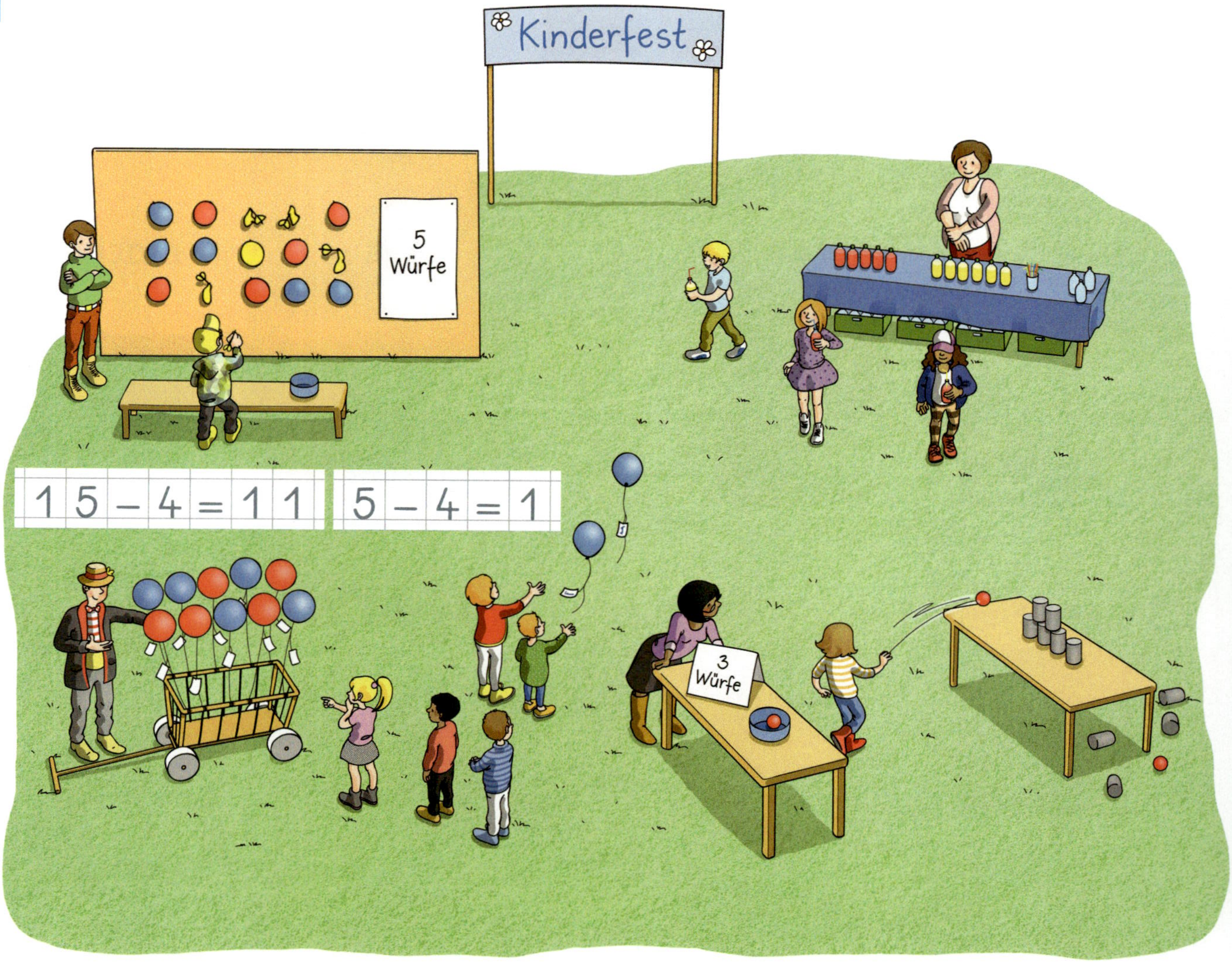

15 – 4 = 11   5 – 4 = 1

1 Kinder zum Erzählen über die Sachsituation anregen. Möglich sind immer verschiedene Minusaufgaben. Struktur einer Minusaufgabe besprechen (*erste Zahl, Minuszeichen, zweite Zahl, Gleichheitszeichen, Ergebnis*).

■ (K, M, D) → Arbeitsheft, Seiten 49, 50

Minusaufgaben in der Umwelt

○ **2** Welche Aufgaben passen zum Bild? Begründe.

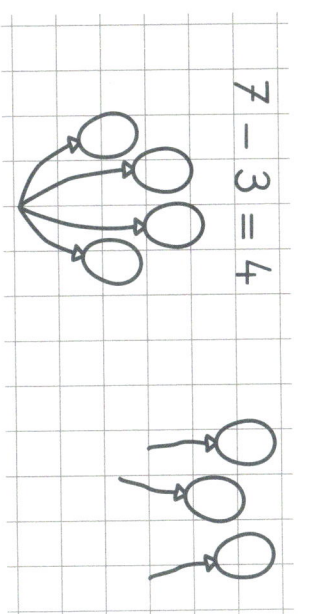

5 – 3
3 – 3
11 – 3
7 – 3
15 – 3
10 – 4

○ **3** 7 – 3 =

7 – 3 = 4

5 – 2 =   9 – 4 =
3 – 1 =   4 – 3 =
7 – 5 =   9 – 3 =

✳ **4** Schreibe Aufgaben und male Bilder dazu.

2 Kinder beschreiben die Bilder und erzählen dazu Geschichten. Verschiedene Aspekte der Bilder liefern verschiedene Aufgaben. Hier sollen verschiedene passende Aufgaben zu jedem Bild gefunden werden. 3 Zu vorgegebenen Aufgaben passende Bilder malen. 4 Eigene Bilder malen und dazu Minusaufgaben schreiben.

■ (K, M, D) → Arbeitsheft, Seiten 49, 50

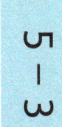

Minusaufgaben am Zwanzigerfeld

"8 − 2"

"Ich decke 2 Plättchen ab."

"Ich nehme 2 Plättchen weg."

Sophie — Max

1 Lege 8, nimm weg.

8 − 2 = 6	8 − 7
8 − 3 =	8 − 1
8 − 5	8 − 8

2 Lege 9, decke ab.

9 − 4 = 5	9 − 1
9 − 3 =	9 − 8
9 − 6	9 − 2
9 − 5	9 − 9

3 Lege und rechne. Du kannst abdecken oder wegnehmen.

5 − 3	7 − 2	9 − 3	10 − 2	12 − 1
5 − 1	7 − 4	9 − 6	10 − 4	12 − 3
5 − 2	7 − 1	9 − 7	10 − 8	12 − 6

4 Lege Aufgaben. Schreibe und rechne.

7 − 3 = 4

1, 2 Minusaufgaben mit Plättchen legen und rechnen. 3, 4 Das Legen von Minusaufgaben üben. Zwischen Abdecken und Wegnehmen unterscheiden.

(K, D) → Arbeitsheft, Seite 51

78

5 Rechne. Was fällt dir auf?

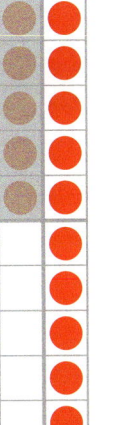 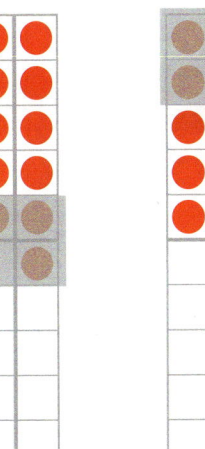 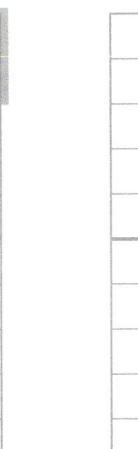 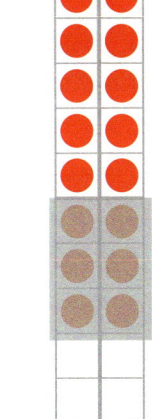 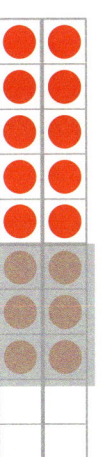 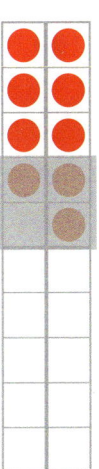

9 − 3 = 6   9 − 6 =

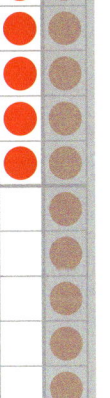 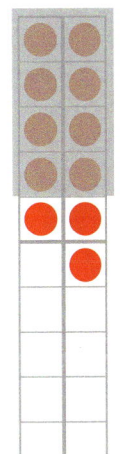 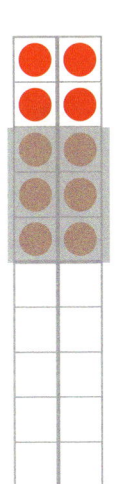 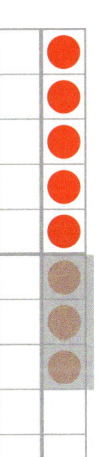 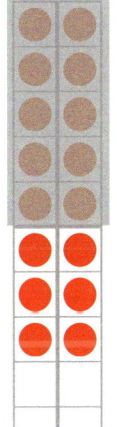

18 − 8	9 − 8
18 − 10	9 − 9
18 − 18	9 − 1
14 − 4	11 − 10
14 − 3	11 − 9
14 − 13	11 − 2
20 − 9	
20 − 20	
20 − 11	
12 − 10	
12 − 5	
12 − 2	

6
12 − 11
12 − 1
12 − 12

7
10 − 9
10 − 5
10 − 1

79

Plus und Minus: Umkehraufgaben

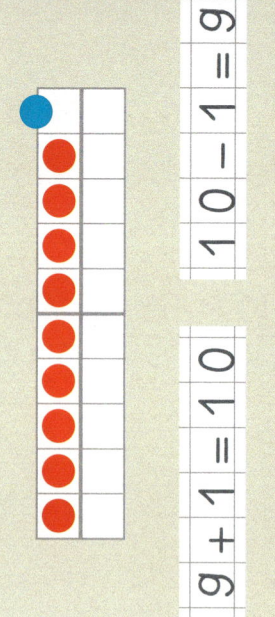

$9 + 1 = 10$ $10 - 1 = 9$

1

$2 + 1 = 3$ $3 - 1 =$

2

3

4

1–4 Zu den Bildern erzählen, jeweils eine passende Plus- und Minusaufgabe legen und rechnen. Kinder zu eigenen Rechengeschichten anregen.

(K, D) → Arbeitsheft, Seite 52

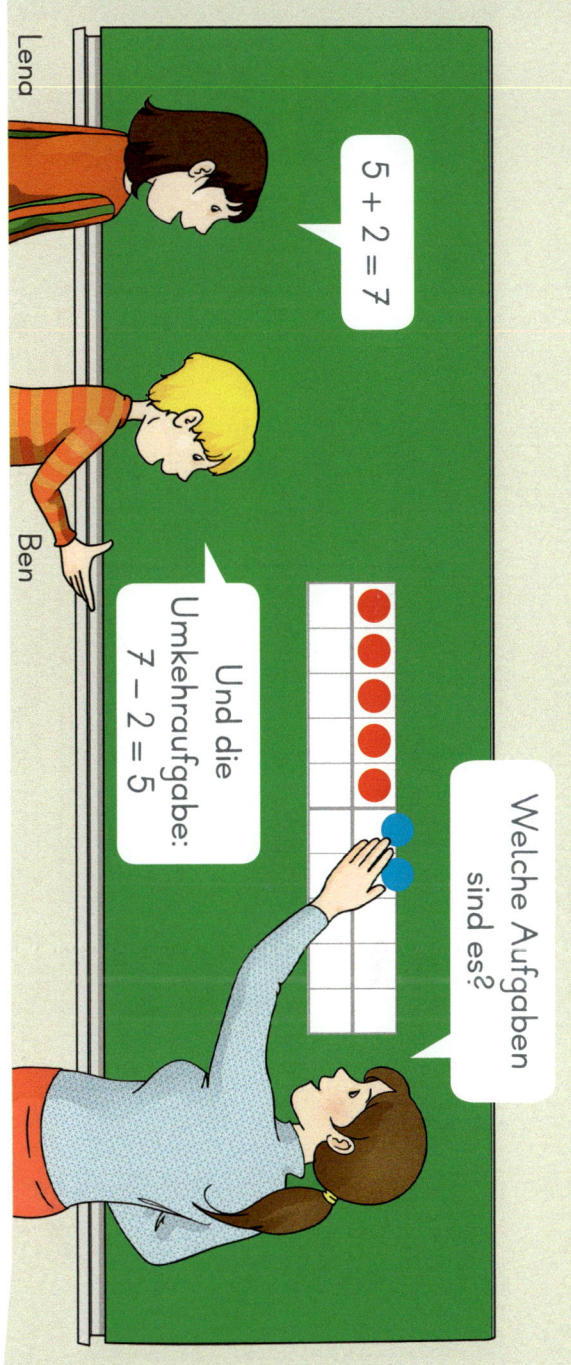

○ **5** Rechne immer eine Plusaufgabe und eine Minusaufgabe.

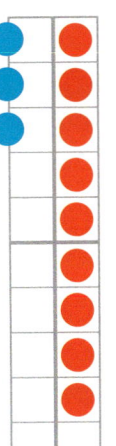 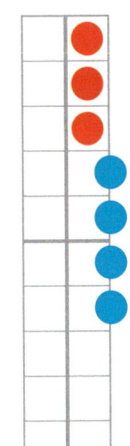

4 + 5 = 9   9 − 5 = 4

○ **6** Finde die Umkehraufgabe.

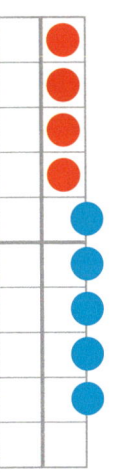

7 + 2   3 + 7   10 + 4   8 + 5   9 + 4
7 + 2 = 9   6 + 6   2 + 7   9 + 6   8 + 7
9 − 2 = 7

○ **7** Finde die Umkehraufgabe.

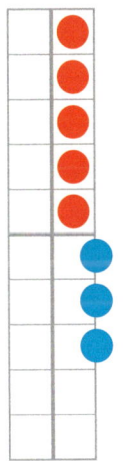

7 − 2   10 − 6   6 − 3   9 − 4   8 − 3
7 − 2 = 5   6 − 5   8 − 2   10 − 5   9 − 3
5 + 2 = 7

5 Besprechen, dass man in der Darstellung eine Plus- und eine Minusaufgabe sehen kann, weil man nicht weiß, ob die blauen Plättchen *dazukommen* oder *weggenommen* werden. Den Begriff *Umkehraufgabe* klären. **6, 7** Umkehraufgaben zu vorgegebenen Plus- und Minusaufgaben finden.

(K, D) → Arbeitsheft, Seite 52

Einfache Minusaufgaben

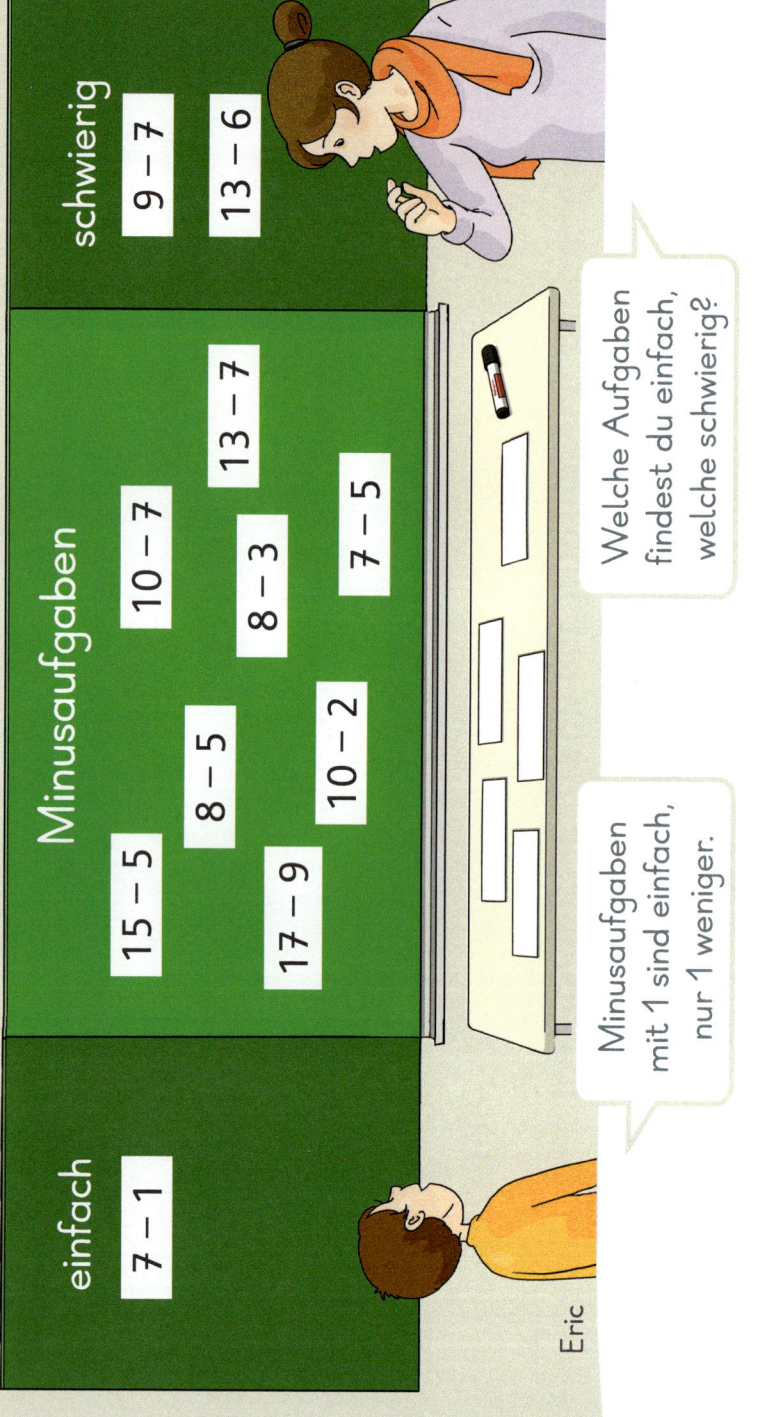

einfach
7 – 1
15 – 5   10 – 7   13 – 7
8 – 5   8 – 3   7 – 5
17 – 9   10 – 2

schwierig
9 – 7
13 – 6

Minusaufgaben mit 1 sind einfach, nur 1 weniger.

Welche Aufgaben findest du einfach, welche schwierig?

Eric

1 Welche Aufgaben findest du einfach? Schreibe und rechne.

| 12 – 2 | 9 – 5 | 10 – 1 | 15 – 7 | 10 – 9 | 5 – 3 |
| 6 – 5 | 18 – 6 | 20 – 10 | 14 – 4 | 7 – 2 | 7 – 7 |

1 2 – 2 = 1 0

2 Einfach legen – einfach rechnen.   ◇ 10

10 – 3   10 – 4
10 – 1   10 – 6
10 – 2   10 – 7
10 – 5   10 – 9

Ich nehme 3 von der 10 weg.

10 – 3

Ich kann auch eine Plusaufgabe sehen.

Till   Anna

Aufgaben sammeln, die für die Kinder einfach bzw. schwierig sind. In den nächsten Tagen und Wochen immer wieder einfache Aufgaben finden und automatisieren. **1** Einfache Aufgaben rechnen. **2** Immer 10 Plättchen ins Feld legen und Minusaufgaben als Wegnehmen oder Zerlegen deuten, also „10 – "-Aufgaben auch mithilfe der Zehnerzerlegung („ = 10"-Aufgaben) lösen.

(K, A, D)   → Arbeitsheft, Seite 53

82

3 Einfach legen – einfach rechnen.

13 − 10	14 − 10
20 − 10	11 − 10
19 − 10	16 − 10
15 − 10	17 − 10

Eva: Ich denke an die Plusaufgaben mit 10.

Murat: Ich nehme den Zehner weg.

13 − 10

4 Rechne und vergleiche.

15 − ☐ = 5	14 − ☐ = 4	18 − ☐ = 8	12 − ☐ = 2
☐ − 10 = 5	☐ − 10 = 4	☐ − 10 = 8	☐ − 10 = 2

5 Einfach legen – einfach rechnen.

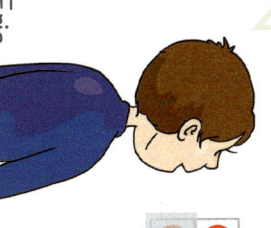

Eric: Es bleibt der Zehner übrig.

Finn: 14 = 10 + 4. Ich denke an die Plusaufgabe mit 10.

14 − ☐ = 4	14 − ☐ = 10	18 − ☐ = 10
11 − 1 = ☐	12 − 2 = 10	☐ − 8 = 10
15 − 5 = ☐	16 − ☐ = 10	10 − ☐ = 10
17 − 7 = ☐	20 − ☐ = 10	10 − ☐ = 10
20 − 10 = ☐	☐ − 10 = 10	☐ − 0 = 10

6

15 − ☐ = 10	12 − ☐ = 10	18 − ☐ = 10
☐ − 5 = 10	☐ − 2 = 10	☐ − 8 = 10
13 − ☐ = 10	16 − ☐ = 10	10 − ☐ = 10
17 − ☐ = 10	20 − ☐ = 10	10 − ☐ = 10
☐ − 3 = 10	☐ − 6 = 10	☐ − 0 = 10

Einfache Minusaufgaben in Vorbereitung auf schwierige rechnen. Beziehungen zwischen den Minusaufgaben (− 10 und = 10) und der Plusaufgabe (mit 10) erkennen und nutzen. **3, 4** Einfache Aufgaben mit „− 10" darstellen und rechnen. **5, 6** Einfache Aufgaben mit „= 10" darstellen und rechnen.

(K, D) → Arbeitsheft, Seite 53

Einfache Minusaufgaben

1 Einfach legen – einfach rechnen.

Lena: 8 – 5. Ich nehme den Fünfer weg.

Esra: Wir denken an Plusaufgaben mit 5.

Anna: 8 – 3. Es bleibt der Fünfer übrig.

◇ 5

8 – 5   7 – 5   6 – 5   5 – 5
8 – 3   7 – 2   6 – 1   5 – 0

2 Rechne und vergleiche.

8 – ▪ = 5   7 – ▪ = 5   9 – ▪ = 5   6 – ▪ = 5
▪ – 5 = 3   ▪ – 5 = 2   ▪ – 5 = 4   ▪ – 5 = 1

◇ 5

3 Legt, rechnet und vergleicht.

8 – 3   6 – 1
13 – 3   11 – 1
9 – 4   7 – 2
14 – 4   12 – 2
10 – 5   5 – 0
15 – 5   10 – 0

◇ 10

Anna: Oben liegt 8 – 3. Ich lege einen Fünfer dazu. Aus 8 – 3 mache ich 13 – 3.

4 Rechne und vergleiche.

◇ 5

8 – 5   6 – 5   5 – 5   9 – 5
13 – 5   11 – 5   10 – 5   14 – 5   7 – 5   12 – 5

1–4 Alle Aufgaben mit Fünferstreifen legen. 1, 2 Minusaufgaben als Zerlegung „mit 5" deuten: Es wird ein Fünfer weggenommen oder es bleibt ein Fünfer übrig. 3, 4 Aufgaben mit Fünferstreifen vertiefen. Darauf achten, dass zwei Fünfer einen Zehner bilden.

▪ (K, D)   → Arbeitsheft, Seite 54

84

5 Legt, rechnet und vergleicht.

8 − 3   7 − 2   ⬧ 5
13 − 8   12 − 7
6 − 1   9 − 4
11 − 6   14 − 9
10 − 5   5 − 0
15 − 10 10 − 5

8 − 3. Es bleibt ein Fünfer übrig.

13 − 8. Wir legen einen Fünfer dazu und nehmen einen Fünfer wieder weg.

Anton   Esra

6 Rechne und vergleiche.

6 − 5   8 − 5   10 − 5   ⬧5 ⬧10
11 − 10 13 − 10 15 − 10
11 − 1   15 − 5   12 − 2   7 − 5   9 − 5
11 − 6   15 − 10 12 − 7   13 − 10 14 − 10
                           13 − 3   14 − 4
                           13 − 8   14 − 9

7 Einfache Aufgaben. Rechne.

5 − 3   10 − 4   11 − 1   9 − 5   10 − 6   ⬧5 ⬧10
4 − 2   9 − 2   6 − 2   10 − 3   8 − 0

8 Einfache Aufgaben. Ordne und rechne.

| 13 − 3 | 6 − 1 | 13 − 10 | 10 − 4 | 17 − 10 | 18 − 8 | 14 − 10 | 19 − 9 | 8 − 3 | 10 − 7 | 16 − 6 |
| 10 − 9 | 9 − 5 | | | | | | | | | 7 − 5 |

✱ 9 Finde einfache Aufgaben.

5–9 Einfache Minusaufgaben in Vorbereitung auf schwierige rechnen. Die 3 zentralen Kriterien für Plusaufgaben wiedererkennen: gleich, mit 5 und mit 10. Darauf achten, dass einfache Aufgaben auch einfach am Zwanzigerfeld gelegt werden können.

(K, D) → Arbeitsheft, Seite 54

85

Schwierige Minusaufgaben

11 − 6 = ☐

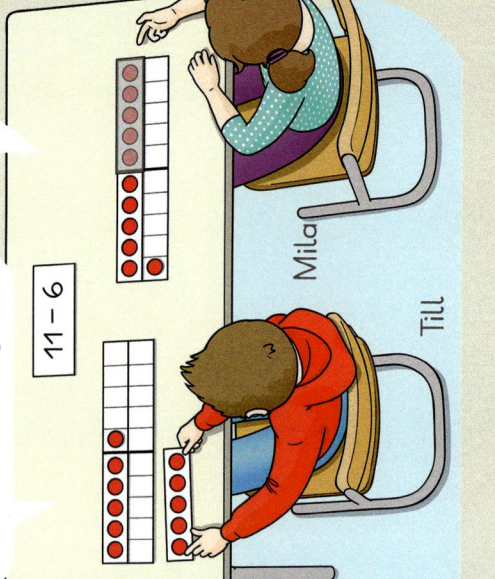

Anna: "Erst 1 weg, dann den Fünfer weg."

Sophie: "10 − 5 ist einfach. Das Ergebnis ist das Gleiche."

Till: "6 + ☐ = 11. Ich ergänze. Wie viel muss ich zur 6 dazulegen?"

Mila: "10 − 6 ist einfach. 11 − 6 ist eine Nachbaraufgabe."

1 Nachbaraufgaben:

◇ 10	◇ 10

10 − 2	10 − 4	10 − 5	10 − 7	10 − 9
11 − 2	11 − 4	11 − 5	11 − 7	11 − 9
12 − 10	14 − 10	15 − 10	13 − 10	17 − 10
12 − 9	14 − 9	15 − 9	13 − 9	17 − 9

2 Nachbaraufgaben:

◇ 10

11 − 1	15 − 5	13 − 3	14 − 4	12 − 2
11 − 2	15 − 6	13 − 4	14 − 5	12 − 3
16 − 6	18 − 8	17 − 7	19 − 9	20 − 10
16 − 7	18 − 9	17 − 8	19 − 10	20 − 11

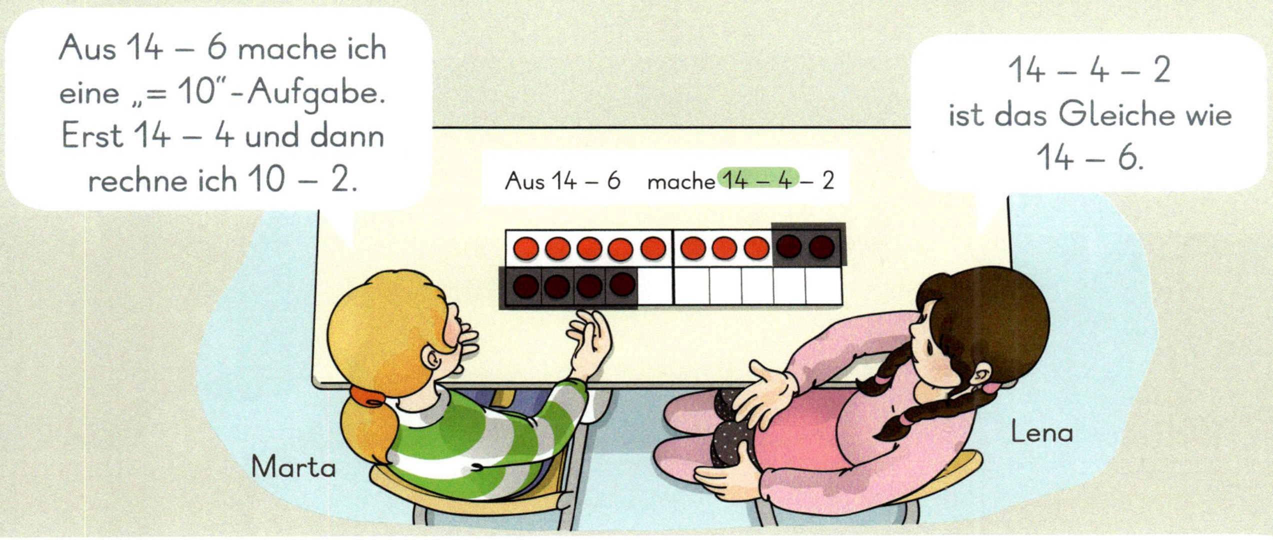
Aus 14 – 6 mache ich eine „= 10"-Aufgabe. Erst 14 – 4 und dann rechne ich 10 – 2.
Aus 14 – 6 mache 14 – 4 – 2
14 – 4 – 2 ist das Gleiche wie 14 – 6.
Marta
Lena

3 Verändere die Aufgaben ◇10◇.

Aus 14 – 6 mache 14 – 4 – 2	Aus 15 – 8 mache 15 – 5 – 3
Aus 16 – 7 mache 16 – 6 – 1	Aus 12 – 4 mache 12 – 2 – 2
Aus 11 – 4 mache 11 – ▢ – ▢	Aus 12 – 3 mache 12 – ▢ – ▢
Aus 13 – 7 mache 13 – ▢ – ▢	Aus 17 – 8 mache 17 – ▢ – ▢

4 Lege und rechne geschickt. Achte auf ◇5◇ ◇10◇ ◇10◇.

14 – 9

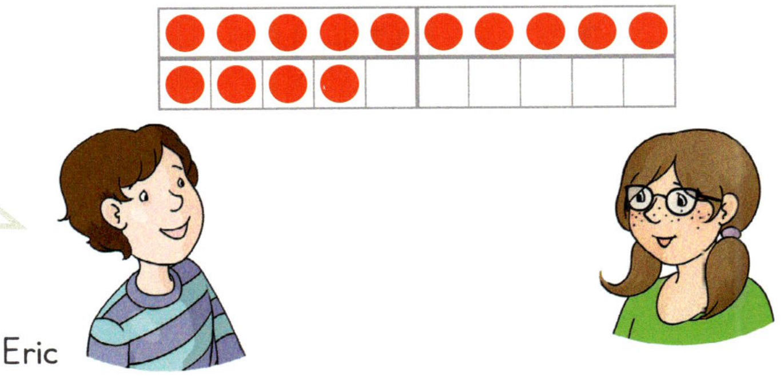
Erst 10 weg, dann 1 dazu. 14 – 10 + 1
Eric
Ich rechne auch mit 10. 14 – 4 – 5
Mila

17 – 9	9 – 6	15 – 6	18 – 9	11 – 3	9 – 7
12 – 4	11 – 7	16 – 7	11 – 6	17 – 6	14 – 8

3, 4 Kinder finden einfache Aufgaben, die ihnen beim Lösen schwieriger Aufgaben helfen können. Besprechen, dass es oft verschiedene passende einfache Aufgaben zu einer schwierigen Aufgabe gibt.

■ (K, A, D) → Arbeitsheft, Seiten 55, 56

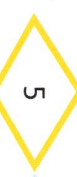

Verwandte Aufgaben

Anna: Ich sehe 8 – 3 und 18 – 3. 18 ist ein Zehner größer als 8.

Till: Das sind verwandte Aufgaben. Wie unterscheiden sich die Ergebnisse?

1 Lege und rechne: Einfach 10 mehr.

8 – 3	7 – 2	3 – 1	6 – 3
18 – 3	17 – 2	13 – 1	16 – 3
8 – 5	7 – 4	3 – 2	6 – 4
18 – 5	17 – 4	13 – 2	16 – 4
9 – 3			
19 – 3			
9 – 5			
19 – 5			

2 Rechne verwandte Aufgaben.

8 – 3	5 – 2	7 – 5	
18 – 13	15 – 12	17 – 15	
6 – 4	9 – 4	4 – 3	
16 – 14	19 – 14	14 – 13	
9 – 6	8 – 4	10 – 5	
19 – 16	18 – 14	20 – 15	

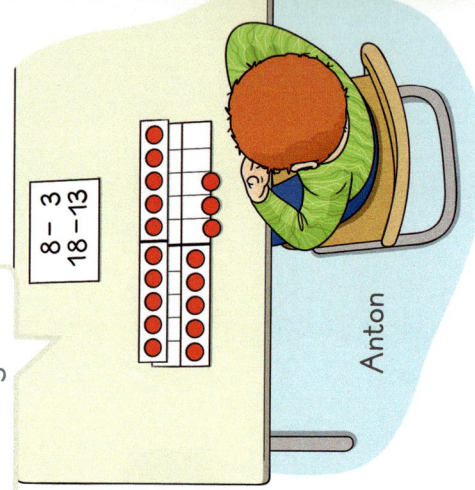

Anton: Warum sind die Ergebnisse gleich?

8 – 3
18 – 13

3 Schwierige Aufgaben?

5 – 3	7 – 2	8 – 4	9 – 5	10 – 2
25 – 23	27 – 22	28 – 24	29 – 25	30 – 22

4 Lege und vergleiche: 10 und verwandte Aufgaben.

10 − 7   10 − 6   10 − 4   10 − 2
20 − 7   20 − 16   20 − 14   20 − 12
20 − 17

5 Finde verwandte Aufgaben.

7 − 3   6 − 2   9 − 4   16 − 3
              10 − 5   10 − 8   10 − 9
              20 − 15   20 − 5   20 − 8   20 − 9
              20 − 18   8 − 4   9 − 6   17 − 12
              20 − 19

6 Schreibe Aufgaben und verwandte Aufgaben.

7 − 3 = 4   6 − 1 = 5   8 − 6 = 2
17 − 3 = 14   16 − 1 = 15   18 − 6 = 12
17 − 13 = 4   16 − 11 = 5

7 Minusaufgaben

14 − 3 = 11

Minusaufgaben legen, nennen und rechnen.

1 mehr als 14 − 4.

1 mehr als 13 − 3.

4 − 3 = 1
14 − 3 = 11

4. Besondere verwandte Aufgaben darstellen und rechnen. 5, 6 Eigene verwandte Aufgaben finden. Denkbar sind auch Aufgaben, die über den Zwanzigerraum hinausgehen. Zu 6 − 1 ist z.B. auch 26 − 1 eine verwandte Aufgabe.

(K, A, D)

89

Rückblick

Ich kann Minusaufgaben finden, legen, vergleichen und rechnen.

1 Finde Aufgaben zum Bild.

2

| 10 – 4 | 8 – 5 | 9 – 4 | 14 – 10 | 13 – 3 |
| 10 – 7 | 7 – 5 | 7 – 2 | 18 – 10 | 17 – 7 |

3 Rechne geschickt.

| 13 – 4 | 12 – 7 | 15 – 11 | 16 – 9 | 17 – 6 |
| 17 – 8 | 11 – 6 | 18 – 11 | 13 – 9 | 16 – 4 |

| 8 | – | 3 | = | 5 |
| 5 | + | 3 | = | 8 |

Umkehraufgaben

| | 5 | – | 3 | = | | 2 |
| 1 | 5 | – | 3 | = | 1 | 2 |

Verwandte Aufgaben: Einfach 10 mehr.

4 Finde die Umkehraufgabe.

9 – 3   11 – 4

5 Finde verwandte Aufgaben.

5 – 2   8 – 4

6 Übt immer wieder.

Minusaufgaben (Seite 89)

Forschen und Finden: Schöne Päckchen

Paula: Ich lege ein Plättchen und nehme es wieder weg.

1 Schöne Päckchen.
Lege, rechne und erkläre.

9 − 4
10 − 5
11 − 6
12 − 7

2 Schöne Päckchen. Lege, rechne und erkläre.

10 − 10	14 − 2	16 − 2
10 − 9	13 − 2	18 − 4
10 − 8	12 − 2	20 − 6
10 − ☐	11 − ☐	22 − ☐

3 Finde schöne Päckchen.

4 Immer zwei Aufgaben. Was fällt dir auf? Erkläre.

12 − 7	13 − 7	15 − 8
12 − 5	13 − 6	15 − 7
14 − 6	16 − 5	18 − 9
14 − ☐	16 − ☐	18 − ☐
	12 − 4	
	12 − ☐	

5 Anna hat eine Minusaufgabe gerechnet.
Das Ergebnis ist 10.
Sie erhöht die erste Zahl um 2.
Sie erhöht die zweite Zahl auch um 2.
Wie lautet das neue Ergebnis? Begründe.

Anna

○ **1 Erzähle.**

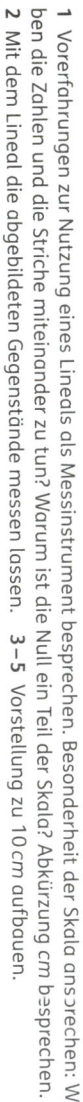

○ **2** Miss die Gegenstände und ordne der Länge nach.

4 cm

✿ **3** Miss mit dem Lineal: Was ist kürzer als 10 cm?

✿ **4** Miss mit dem Lineal: Was ist länger als 10 cm?

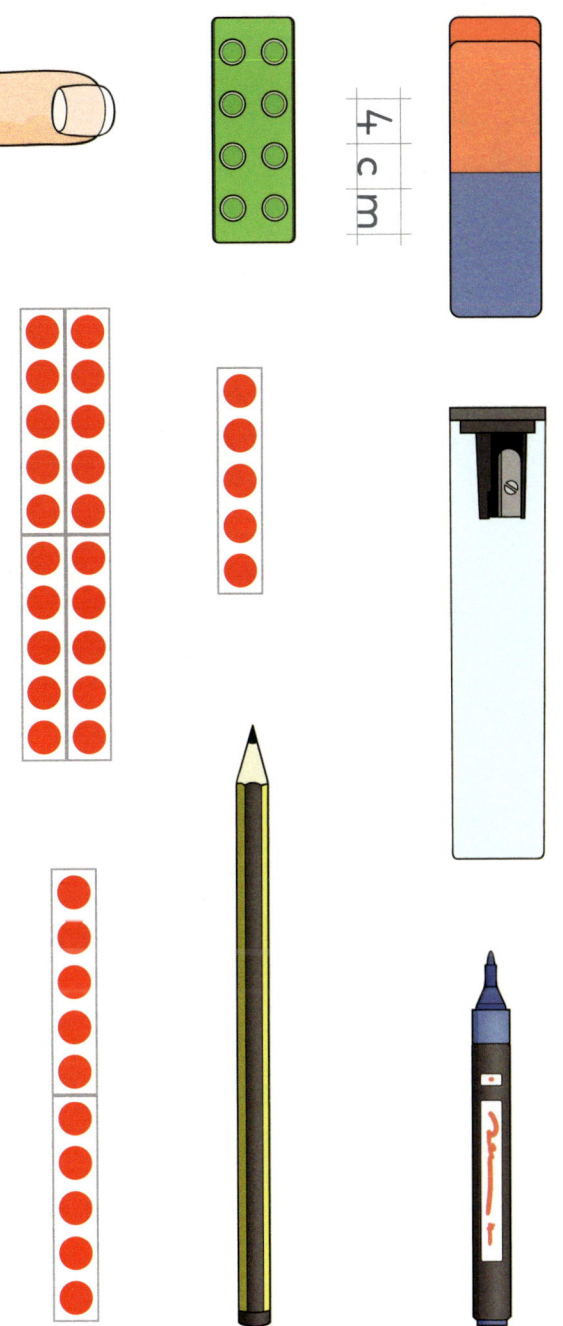

✿ **5** Miss mit dem Lineal: Was ist 10 cm lang?

■ (K, D)
→ Arbeitsheft, Seite 59

1 Vorerfahrungen zur Nutzung eines Lineals als Messinstrument besprechen. Besonderheit der Skala ansprechen: Was haben die Zahlen und die Striche miteinander zu tun? Warum ist die Null ein Teil der Skala? Abkürzung cm besprechen.
2 Mit dem Lineal die abgebildeten Gegenstände messen lassen. 3–5 Vorstellung zu 10 cm aufbauen.

93

Plus und Minus

Lena: 4 stehen und einer stellt sich gleich dazu. 4 + 1.

Eric: Es sind 5, einer geht weg. 5 − 1.

1 Erzählt. Was passiert? Findet Plus- und Minusaufgaben.

Unterschiedliche Deutungsmöglichkeiten der Bilder besprechen, dazu Plus- und Minusaufgaben ansprechen. **1** Zum Bild Geschichten erzählen, passende Aufgaben finden. Evtl. Umkehraufgaben notieren und berechnen, anschließend vergleichen.

■ (K, M) → Arbeitsheft, Seiten 60, 61

Erzählen und Rechnen

○ **2** Welche Aufgaben passen zum Bild? Begründe.

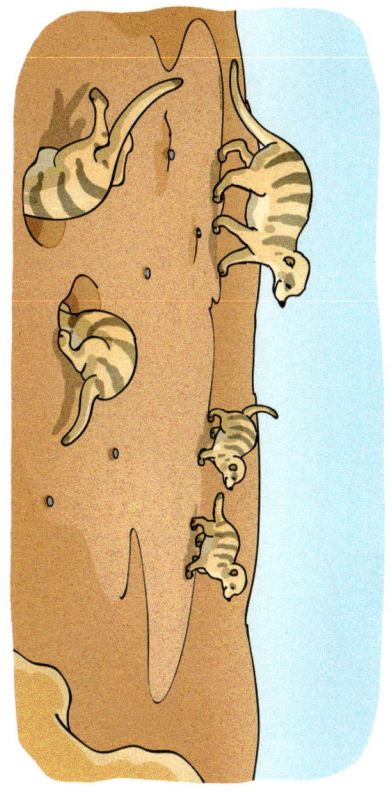

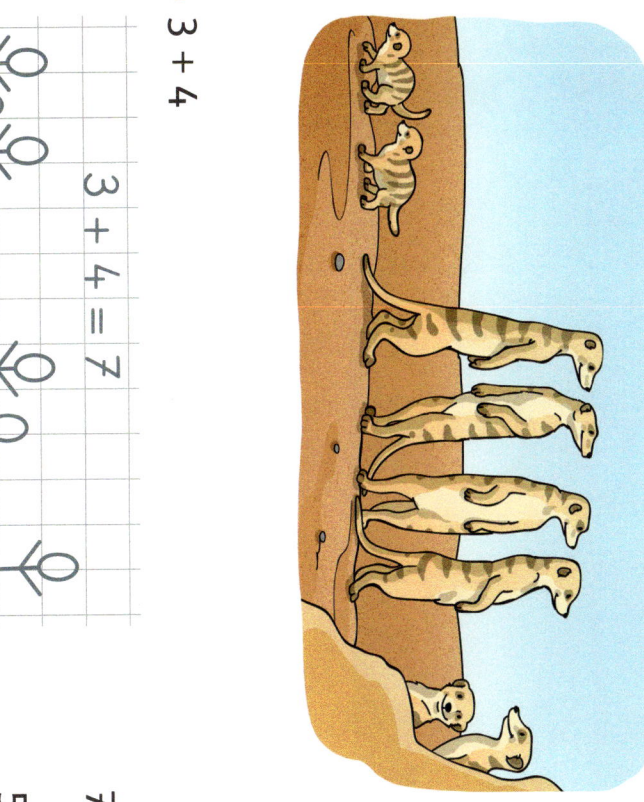

| 6 + 2 |
| 5 − 2 |
| 4 + 2 + 2 |
| 2 + 3 |
| 2 + 2 + 1 |
| 3 + 2 |
| 8 − 2 |

○ **3** 3 + 4

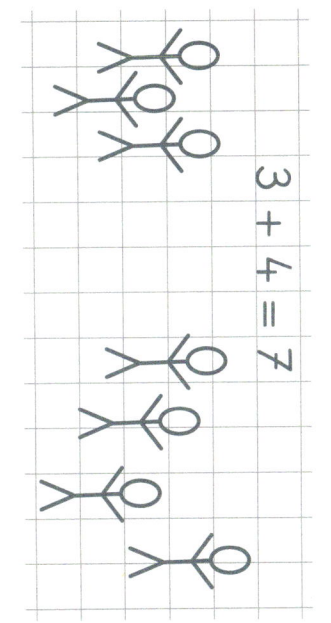

3 + 4 = 7

7 − 4	12 − 5
5 + 7	6 + 6
12 − 6	3 + 3 + 2

○ **4** In der Sonne stehen
5 Erdmännchen.
3 kommen dazu.
Wie viele sind es zusammen?

In der Sonne stehen
8 Erdmännchen.
3 gehen in den Bau.
Wie viele bleiben in der Sonne?

✻ **5** Mein Lieblingstier: Male und schreibe Aufgaben. Erzähle.

---

2 Zu den Bildern Geschichten erzählen. Zu verschiedenen Geschichten unterschiedliche Plus- und Minusaufgaben zuordnen. Mehrere passende Aufgaben zu den Bildern finden. 3 Zu den Aufgaben passende Bilder malen. 4 Zur Textaufgabe ein Bild malen, Aufgabe notieren und rechnen. 5 Geschichten zum Lieblingstier erfinden, Plus- und Minusaufgaben dazu finden.
(K, M, D) → Arbeitsheft, Seiten 60, 61

Plus und Minus

–
+
1
2
3
4
5
6
7
8
9
10
11
12
13
14
15
16
17
18
19
20

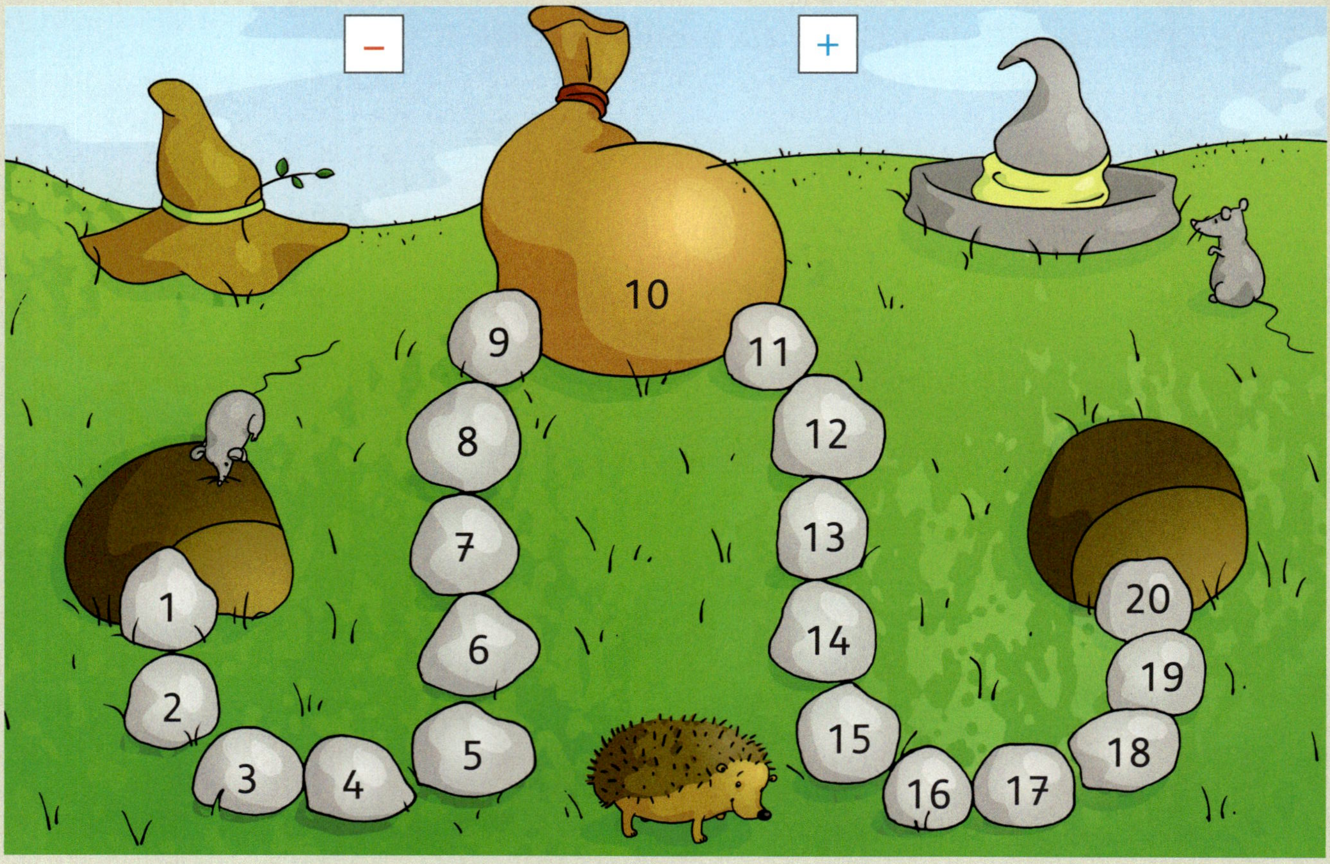

○ **1** Spielt Räuber und Goldschatz. Schreibt die Aufgaben auf.

○ **2** Immer zwei Aufgaben: Wo liegt der Schatz?

10 + 4 = 14

14 – 6 =

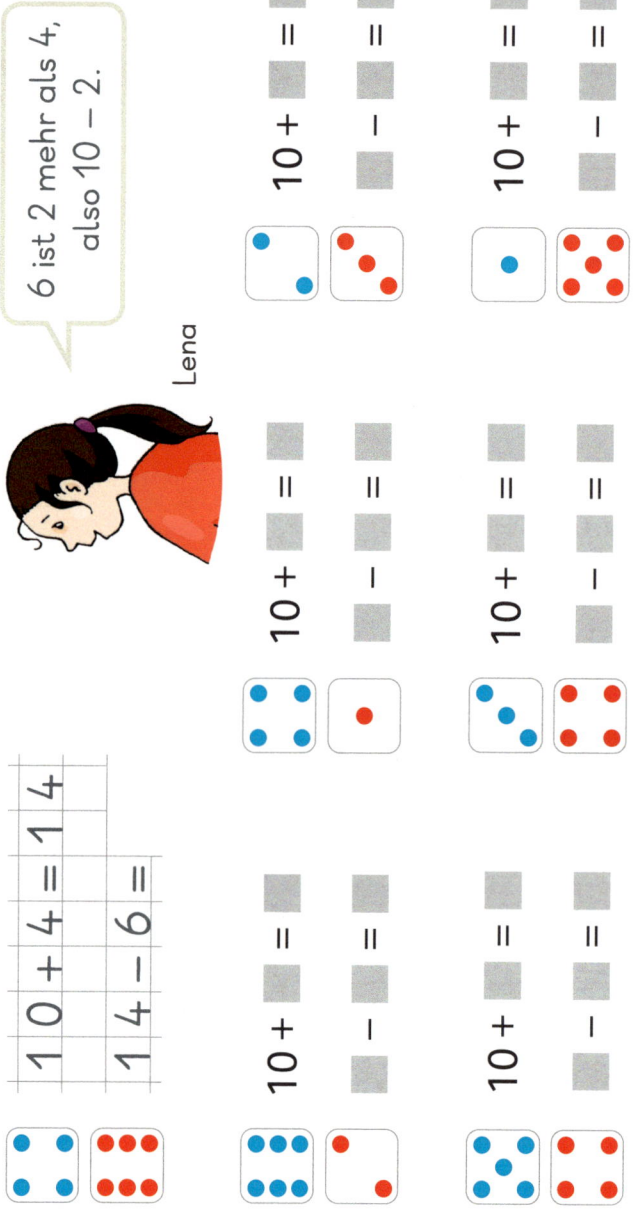

6 ist 2 mehr als 4,
also 10 – 2.
Lena

10 + __ = __

__ – __ = __

10 + __ = __

__ – __ = __

10 + __ = __

__ – __ = __

10 + __ = __

__ – __ = __

10 + __ = __

__ – __ = __

10 + __ = __

__ – __ = __

Festigung der Beziehung zwischen Plus- und Minusaufgaben. 1 In Partnerarbeit „Räuber und Goldschatz" spielen, Notation der ersten Spielzüge, Positionen möglichst rechnerisch bestimmen. 2 Vorgegebene Spielverläufe nachvollziehen und beschreiben, Aufgaben ausrechnen.

■ (K, D) → Arbeitsheft, Seite 62

Das ist die Umkehraufgabe zu 10 + 3.
Der Schatz liegt wieder bei 10.

3 Umkehraufgaben: Vergleiche. Wo liegt der Schatz?

10 + 3 = 13
13 − 3 = 10

10 + ☐ = ☐
☐ − ☐ = ☐

10 + ☐ = ☐
☐ − ☐ = ☐

10 + ☐ = ☐
☐ − ☐ = ☐

4 Rechne Aufgabe und Umkehraufgabe.

9 + 7 = 16
16 − 7 = ☐

− 7   6 + 5   11 + 7   9 + 5   6 + 7
8 − 6   − 5   − 7   − 5   − 7
+ 6   15 − 8   12 − 8   13 − 7   12 − 5
        + 8   + 8   + 7   + 5

5 Schreibe Aufgaben und Umkehraufgaben.

6 Rechnen ohne zu rechnen: Erkläre.

8 + 5 − 5   9 + 3 − 3   9 + 4 − 3   9 − 4 + 3   11 − 5 + 6
8 − 5 + 5   9 − 3 + 3   9 − 3 + 4   9 + 3 − 4   11 + 6 − 5

Finde weitere solche Aufgaben.

Umkehr- und Tauschaufgaben

Immer 2 Plusaufgaben und 2 Minusaufgaben.

Die blauen wurden dazugelegt.

Oder die roten wurden dazugelegt.

Die roten werden gleich weggenommen.

Oder die blauen werden gleich weggenommen.

Sophie 10 + 3
Till 3 + 10
Leo 13 − 10
Ben 13 − 3

1 Rechne immer vier Aufgaben.

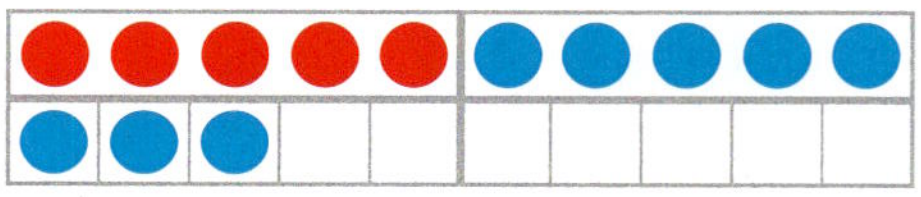

5 + 8   13 − 8
8 + 5   13 − 5

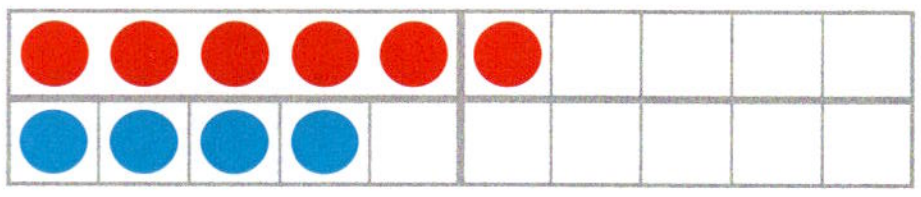

6 + 4   10 − 4
4 + 6   10 − 6

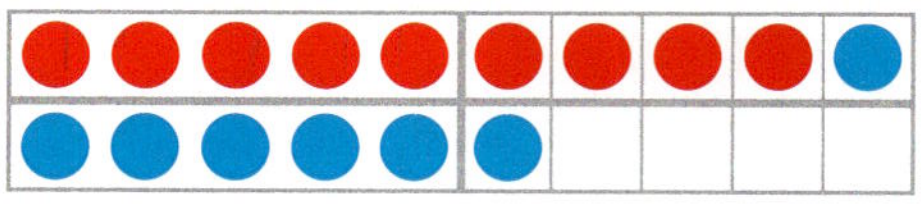

9 + 7   16 − 7
7 + 9   16 − 9

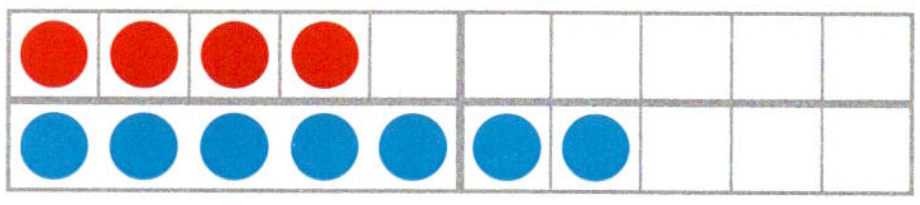

4 + 7   11 − 7
7 + 4   11 − 4

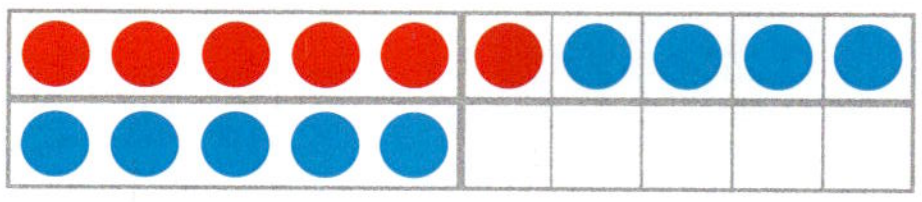

6 + 9   15 − 9
9 + 6   15 − 6

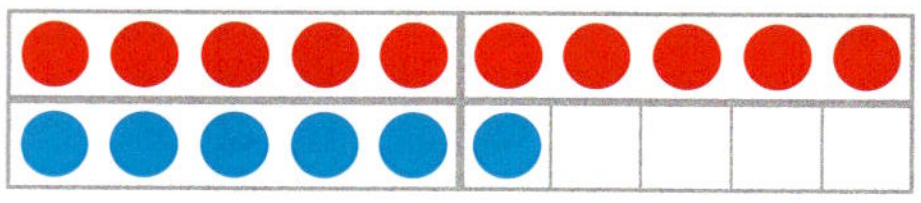

10 + 6   16 − 6
6 + 10   16 − 10

Zahlen als Zusammensetzungen aus anderen Zahlen sehen, daraus Tauschaufgaben und Umkehraufgaben herleiten. 1 Zu einer bildlichen Darstellung im Zwanzigerfeld Tauschaufgaben und Umkehraufgaben aufgaben den Kindern transparente Abdeckstreifen zur Verfügung stellen.

(K, D) → Arbeitsheft, Seiten 63, 64

98

2 Tauschaufgaben und Umkehraufgaben.

```
9 + 4    13 − 4    9 + 5    14 − 5    5 + 3    8 − 3
4 + 9    13 − 9    5 + 9    14 − 9    3 + 5    8 − 5
5 + 10   15 − 10   4 + 8    12 − 8    14 + 6   20 − 6
10 +     15 −       + 8      12 −      + 14     20 − 
7 + 3              8 + 6              12 + 5
 + 7                + 8                + 12
 −                  −                  −
 −                  −                  −
```

3 Finde die Tauschaufgaben und die Umkehraufgaben.

| 6 | 10 | 4 |

6 + 4 = 10   10 − 4 =
4 + 6 = 10   10 − 6 =

| 7 | 1 | 6 | | 4 | 14 | 10 | | 5 | 8 | 13 |

| 5 | 2 | | 13 | 10 | | 12 | 5 | | 1 | 10 | 9 |

✳ 4 Nimm 3 Karten.
Findest du immer vier Aufgaben?

2 Tauschaufgaben und Umkehraufgaben ausrechnen, evtl. mit Material legen. 3 Zu 3 Zahlenkarten jeweils die Tauschaufgaben und deren Umkehraufgaben finden. Besprechen, dass man zu zwei Karten verschiedene dritte Karten wählen kann. 4 Besprechen, wie die Karten passend ausgewählt werden müssen.

(K, A, D)
→ Arbeitsheft, Seiten 63, 64

99

Legen und Überlegen

Paula hat 8 Murmeln.
Max hat 2 Murmeln mehr.
Leo hat halb so viele Murmeln.

Max hat 10 Murmeln, denn 8 + 2 = 10.

Die Hälfte von 8 ist 4, denn 4 + 4 = 8.

8 + 2 = 10
4 + 4 = 8

Marta — Kim

1 Murat hat 6 Murmeln.
Finn hat 3 Murmeln **mehr**.
Wie viele Murmeln hat Finn?
Male.

Murat: OOOOOO
Finn:

Till hat halb so viele Murmeln.
Wie viele Murmeln hat Till?
Male.

Murat: OOOOOO
Till:

2 Max hat 8 Murmeln.
Lena hat 2 Murmeln **weniger**.
Wie viele Murmeln hat Lena?

Eva hat **doppelt so viele** Murmeln.
Wie viele Murmeln hat Eva?

3 Paula hat 4 Murmeln verloren.
Jetzt hat sie nur noch 9 Murmeln.
Wie viele hatte sie vorher?

Noah bekommt 3 Murmeln dazu.
Jetzt hat er 12 Murmeln.
Wie viele hatte er vorher?

✱ 4 Sophie hat 10 Murmeln. Erfinde Geschichten. Schreibe und male.

1–3 Sachaufgaben evtl. mithilfe von Plättchen lösen. Skizzen analog zu denen im Einstiegsbild anfertigen oder auch eigene Skizzen erfinden. Über unterschiedliche Skizzen gemeinsam sprechen. Begriffe mehr, weniger, halb so viele, doppelt so viele klären. 4 Eigene Rechengeschichten erfinden, Lösung anfertigen, gegenseitig vorstellen.

(P, M, D) → Arbeitsheft, Seite 65

Wie viele Beine sind es?

Kim
(Zeichnung von 4 Gänsen)

Eric
2, 4, 6, 8, 10, 12

Anna
6 mal 2 gleich 12

Marta
2 + 2 + 2 + 2 + 2 + 2 = 12

Till
(6 Paare Kreise) 12

● **5** Wie viele Beine sind es?

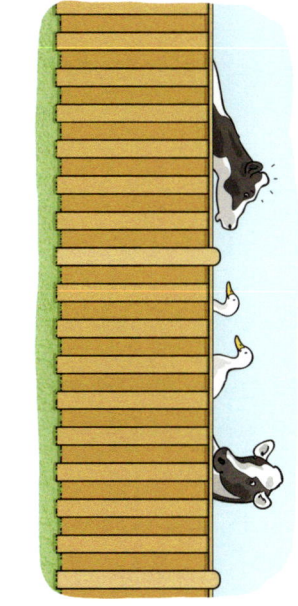

○ **6** Wie viele Tiere sind es?

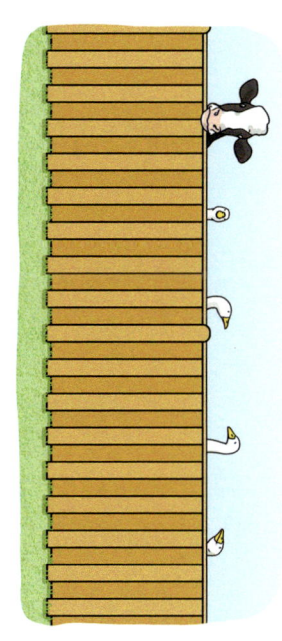

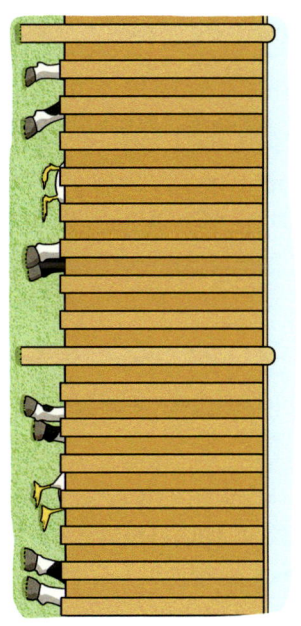

● **7** Es sind 14 Beine. Wie viele Kühe sind es? Wie viele Gänse sind es?

101

5, 6 Kinderlösungen in der Illustration können als Orientierung genutzt werden. Den Nutzen von Skizzen oder anderen individuellen Darstellungen gemeinsam besprechen. 7 Es gibt 4 verschiedene Lösungen (inklusive der Lösung: 0 Kühe und 7 Gänse).

(P, M, D) → Arbeitsheft, Seite 65

Ergänzen und Wegnehmen

Von den 15 Teilen sind schon 12 gelegt, 15 − 12 = 3.

Es sind schon 12 Teile. Bis 15 fehlen noch 3, 12 + 3 = 15.

Wie viele Teile fehlen noch?

1 Ergänze.

13 + ▢ = 15   12 + ▢ = 15

6 + ▢ = 10   4 + ▢ = 10

13 + ▢ = 18   15 + ▢ = 18

2

7 + ▢ = 10   7 + ▢ = 12   9 + ▢ = 15   19 + ▢ = 20
6 + ▢ = 10   6 + ▢ = 12   7 + ▢ = 15   9 + ▢ = 20
5 + ▢ = 10   5 + ▢ = 12   5 + ▢ = 15   11 + ▢ = 20
3 + ▢ = 10   3 + ▢ = 12   6 + ▢ = 15   3 + ▢ = 20
2 + ▢ = 10   2 + ▢ = 12   4 + ▢ = 15   13 + ▢ = 20
1 + ▢ = 10   1 + ▢ = 12   2 + ▢ = 15   7 + ▢ = 20

Das *Ergänzen* von einer Zahl auf das Ergebnis am Sachkontext „Puzzeln" besprechen. **1** Lösen der Aufgaben durch *Ergänzen* am Zwanzigerfeld mithilfe eines Abdeckstreifens. **2** Lösen durch *Ergänzen*, evtl. mithilfe eines Zwanzigerfeldes, einzelnes Zählen vermeiden, geschicktes Ausrechnen durch Nutzen von benachbarten Aufgaben.

(K, A, D) → Arbeitsheft, Seite 66

102

20 − 17 = ▩

Wegnehmen:
Erst 10 weg,
dann 7 weg.

Lena   Eric

20 − 17 =

17 + ... = 20

Ergänzen:
Von 17 bis zur 20
fehlen noch 3.

○ **3** Rechne immer beide Aufgaben.

17 + ▩ = 20   13 + ▩ = 17   9 + ▩ = 12
20 − 17 =   17 − 13 =   12 − 9 =

1	7	+		3	=	2	0
2	0	−	1	7	=		3

14 + ▩ = 20   11 + ▩ = 16   7 + ▩ = 13   15 + ▩ = 19
20 − 14 =   16 − 11 =   13 − 7 =   19 − 15 =

● **4** Welche Aufgabe findest du einfacher? Kreuze an. Erkläre.

13 − 11 = ▩   11 − 9 = ▩   16 − 2 = ▩
11 + ▩ = 13   9 + ▩ = 11   2 + ▩ = 16

	1	3	−	1	1	=		2
X	1	1	+		2	=	1	3

10 − 3 = ▩   15 − 7 = ▩   20 − 11 = ▩
3 + ▩ = 10   7 + ▩ = 15   11 + ▩ = 20

● **5** Löse geschickt durch Ergänzen oder Wegnehmen.

14 − 11   12 − 8   15 − 10   20 − 17   16 − 1
18 − 16   13 − 11   17 − 12   19 − 15   16 − 9
11 − 6   18 − 13   20 − 13   17 − 3
16 − 13   20 − 19   14 − 9   15 − 11   19 − 1

Wegnehmen oder Ergänzen? Zwei Rechenwege zur Aufgabe 20−17 vergleichen. Das Ergänzen als weitere Grundvorstellung besprechen. 3–5 Wegnehmen und Ergänzen bzgl. des Rechenaufwandes vergleichen. Wahl des Ergänzens bei geringer Differenz als Rechenvorteil herausstellen.

(K, A, D) → Arbeitsheft, Seite 66

Rechendreiecke

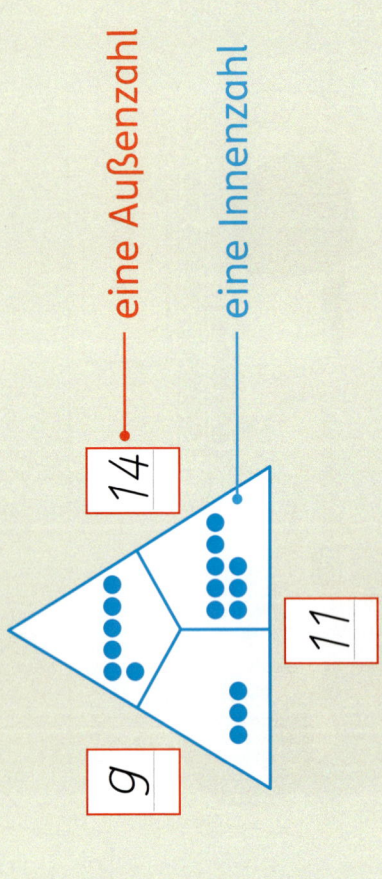

14 — eine Außenzahl
eine Innenzahl
9, 11

1 Die Innenzahlen werden vertauscht. Was fällt dir auf? Erkläre.

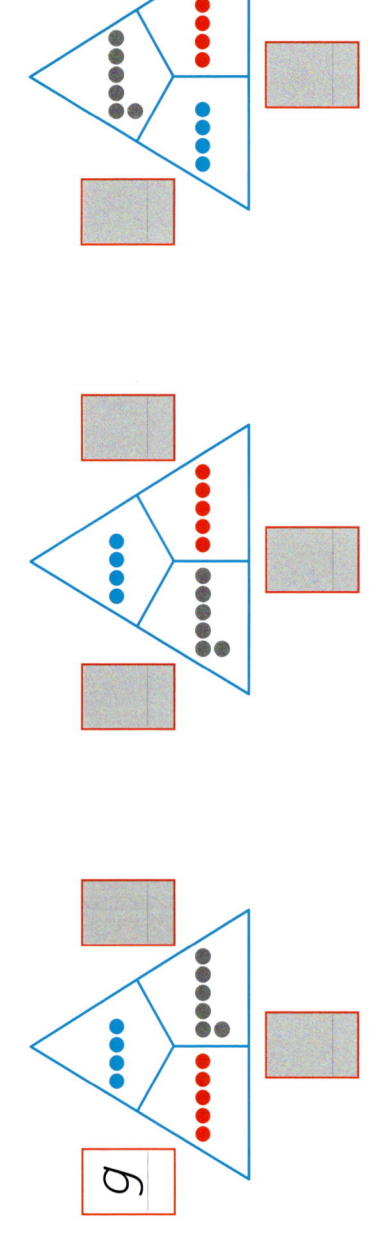

2 Ein Plättchen wird verschoben. Was fällt dir auf? Erkläre.

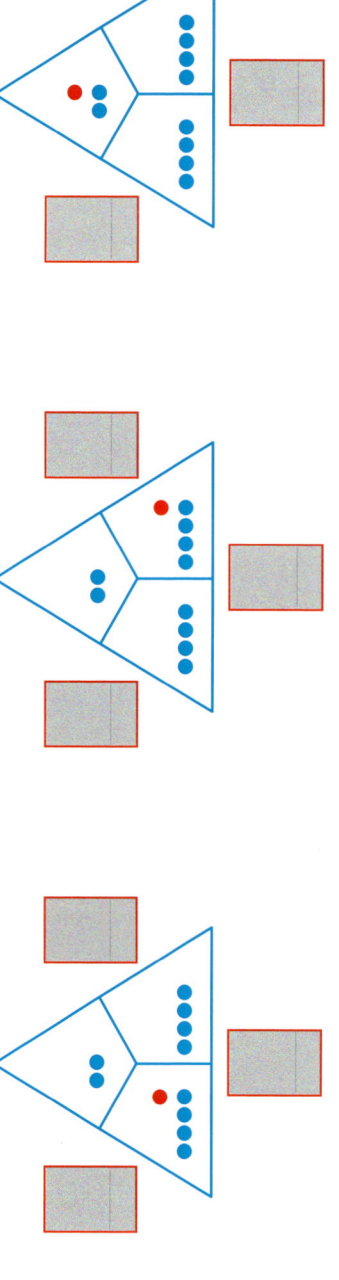

3 Findet Rechendreiecke mit 10 Plättchen.

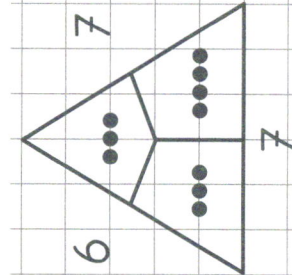

6, 7, 7

‚Rechendreiecke' einführen: Das Ergebnis der Plusaufgabe von zwei benachbarten *Innenzahlen* wird ins zugehörige *Außenfeld* notiert. **1, 2** Rechendreiecke vervollständigen und vergleichen, Veränderungen der *Innenzahlen* beschreiben und deren Auswirkungen auf die *Außenzahlen* begründen. **3** Rechendreiecke mit 10 Plättchen finden und ordnen.

(K, A) → Arbeitsheft, Seite 67

○ **4** Ein Plättchen kommt dazu. Was fällt dir auf? Erkläre.

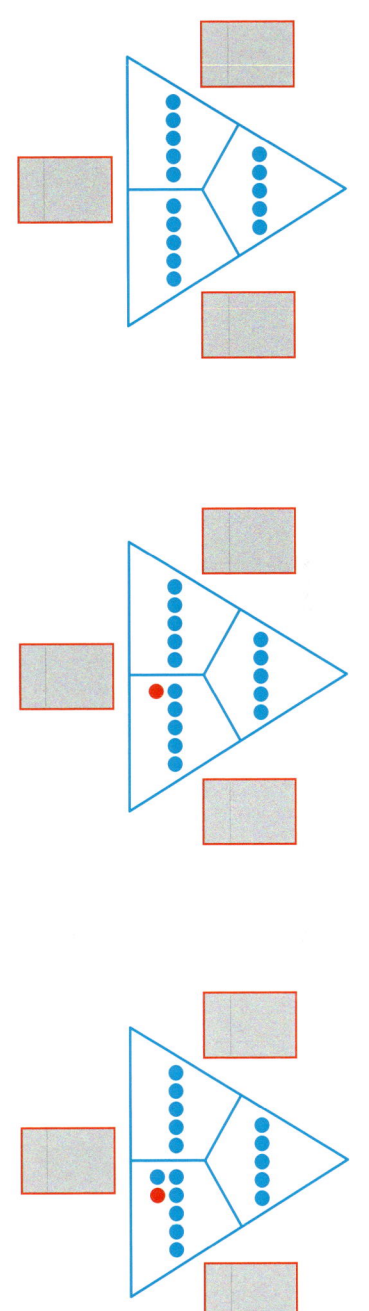

○ **5** Einige Innenzahlen fehlen. Wie rechnest du? Beschreibe.

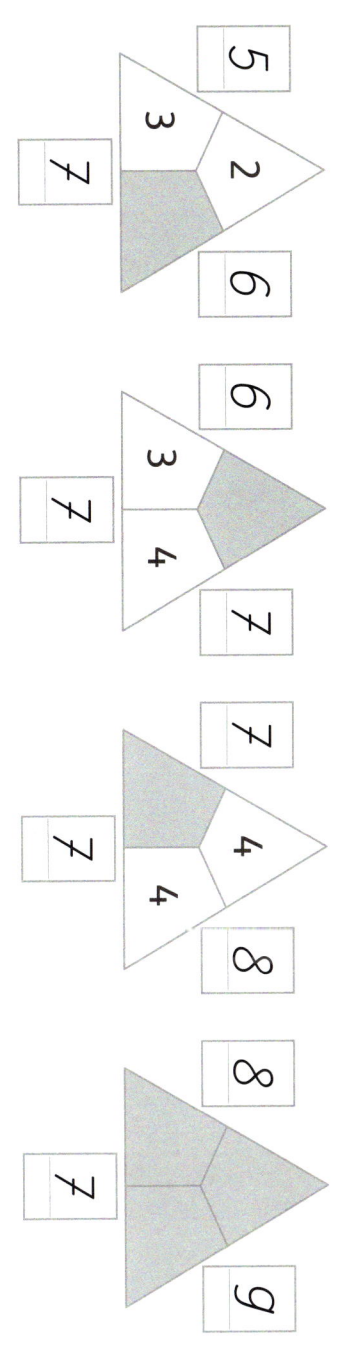

○ **6** Rechendreiecke mit Mustern. Was fällt dir auf? Erkläre.

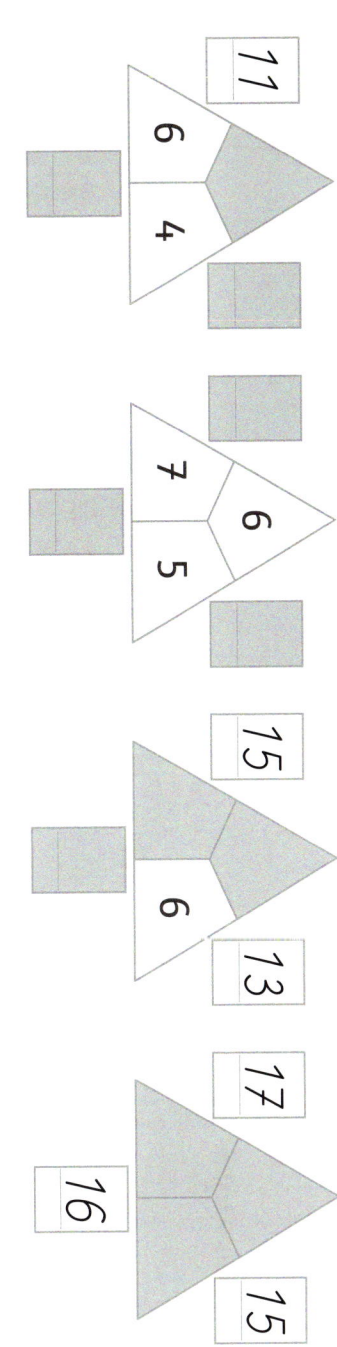

✳ **7** Rechendreiecke mit Mustern. Setze fort.

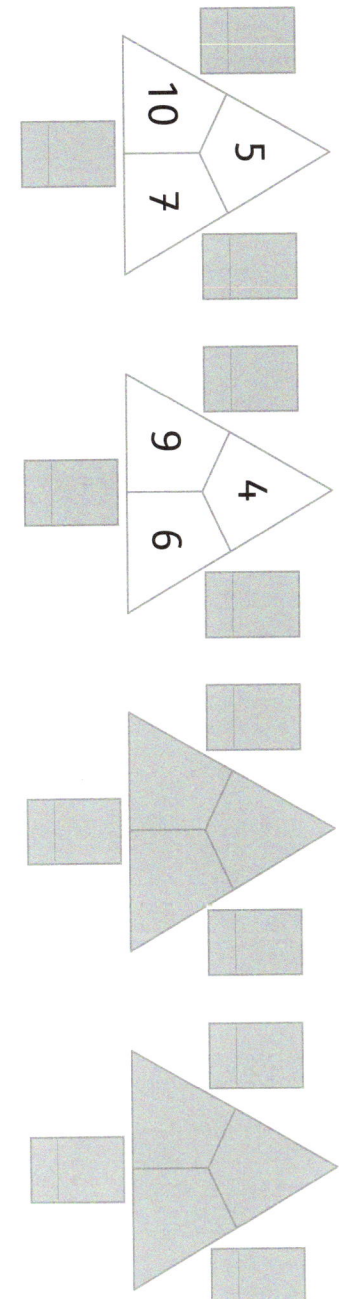

4–7 Rechendreiecke vervollständigen und vergleichen, Veränderungen der Innenzahlen beschreiben und deren Auswirkungen auf die Außenzahlen begründen; zur Begründung Plättchen oder Terme benutzen.

(K, A) → Arbeitsheft, Seite 67

105

Rückblick

Ich kann in Bildern Plus- und Minusaufgaben erkennen, Tauschaufgaben und Umkehraufgaben bilden. Ich kann Minusaufgaben durch Ergänzen lösen.

1 Welche Aufgaben passen zum Bild?

5 − 2   3 + 2
3 − 2   1 + 1
1 + 2 + 2

2

7 + ▢ = 10

8 + ▢ = 10

2 + ▢ = 10

8 + ▢ = 15

9 + ▢ = 15

16 + ▢ = 20

14 + ▢ = 20

4 + ▢ = 20

3 Rechne immer vier Aufgaben.

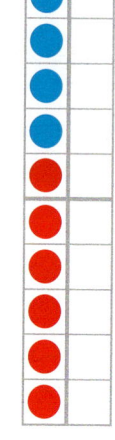

4

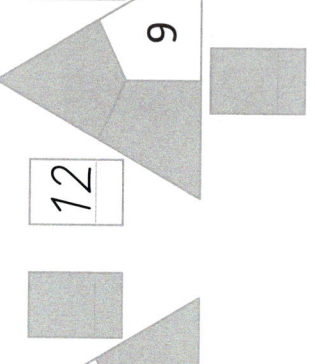

13 9

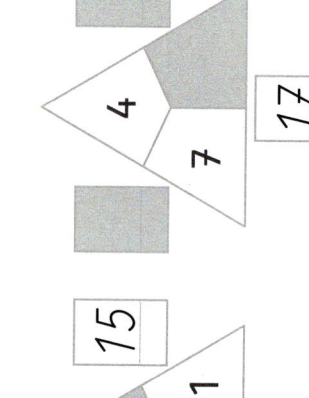

12 4 17 7

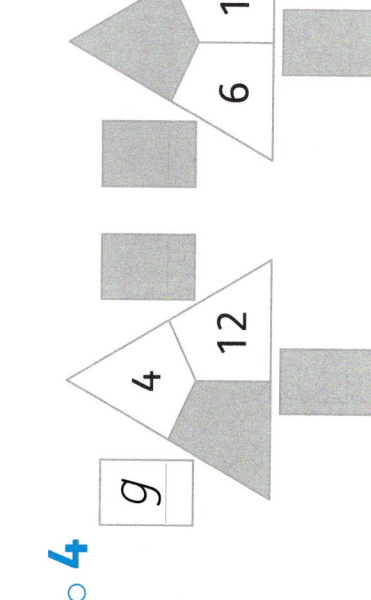

15 6 11 9 4 12

→ Arbeitsheft, Seite 68

106

Forschen und Finden: Zahlenraupen

1 Finde Zahlenraupen. Rechne und erkläre.

Metin

2 Vergleiche. Was fällt dir auf?

Immer + 2

Immer + 4

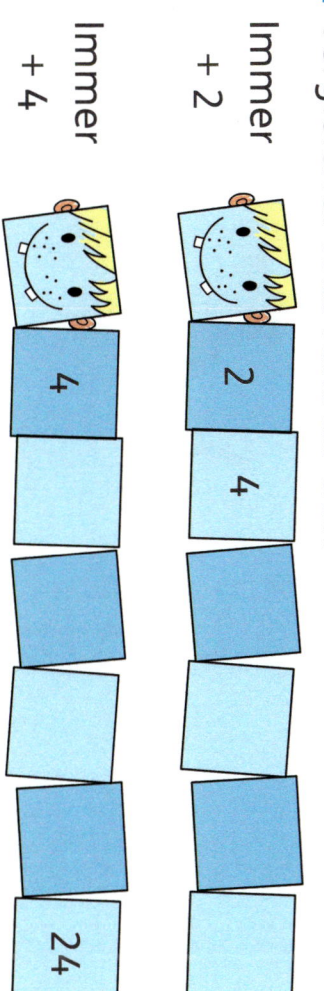

3 Vergleiche. Was fällt dir auf?

Immer + 5

Immer + 5

4 Finde Zahlenraupen. Die letzte Zahl ist immer 20.

Immer + ▢

Aufgabenformat „Zahlenraupen" einführen. **1** Zahlenraupen erfinden, evtl. mit Material (z. B. Notizzettel) legen und aufkleben. **2, 3** Zahlenraupen rechnen und vergleichen, Gemeinsamkeiten und Unterschiede markieren. **4** Zahlenraupen mit der letzten Zahl 20 suchen, Lösungen ausschneiden, vergleichen und sortieren.

(P, K, A, D) → Arbeitsheft, Seite 69

Mit Geld rechnen

Anton

○ **1** Ich kaufe:    Ich bezahle:

○ **2** Ich kaufe: Ich bezahle:

○ **3** Ich kaufe:    Ich bezahle:

○ **4** Ich kaufe: Ich bezahle:

○ **5** Ich kaufe: Ich bezahle:

○ **6** Ich kaufe: Ich bezahle:

Flohmarkt und Einkaufen spielen, mit Rechengeld bezahlen. **1–4** Preis bestimmen, mit Rechengeld legen und aufzeichnen. **5, 6** Geldbetrag berechnen, passende Gegenstände vom Bild auswählen.

■ (K, M, D)   → Arbeitsheft, Seite 70

108

○ **7** Ich kaufe:  Ich gebe: 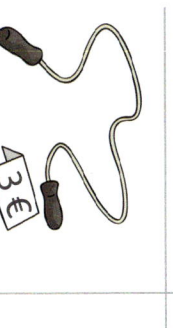 Ich bekomme zurück:

○ **8** Ich kaufe:  Ich gebe: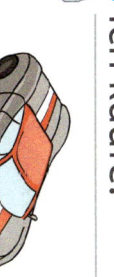

○ **9** Ich kaufe:  Ich gebe:  Ich bekomme zurück:

○ **10** Ich kaufe: 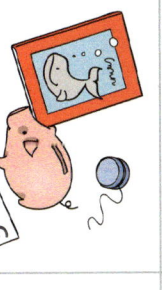 Ich gebe:  Ich bekomme zurück:

○ **11** Ich kaufe:  Ich gebe: Ich bekomme zurück:

○ **12** Ich kaufe: 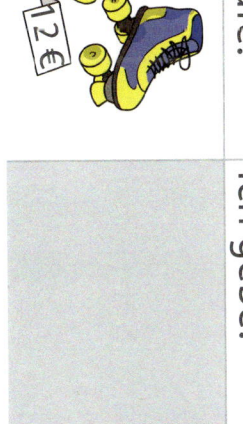 Ich gebe: Ich bekomme zurück: 3 Euro

○ **13** Ich kaufe: Ich gebe:  Ich bekomme zurück: 10 Euro

○ **14** Ich kaufe: Ich gebe:  Ich bekomme zurück: 11 Euro

○ **15** 6 € + ☐ € = 12 €
         8 € + ☐ € = 14 €

○ **16** 18 € − ☐ € = 8 €
         16 € − ☐ € = 8 €

7–14 Aufgaben mit Rechengeld legen und lösen.   15, 16 Fehlende Zahlen ergänzen.
(K, M, D) → Arbeitsheft, Seite 70   Weiterführung und Vertiefung: Selbstbestimmtes Verbraucherverhalten.

Mit Geld rechnen

1 Achterbahn: Schreibe Preistabellen für die Fahrpreise.

1 E	2 E	3 E	4 E
4 €	8 €		

1 K	2 K	3 K	4 K
2 €	4 €		

2 Achterbahn: Wie viel Euro müssen die Familien bezahlen?

2 E	8 €
1 K	2 €
Zu zahlen	

 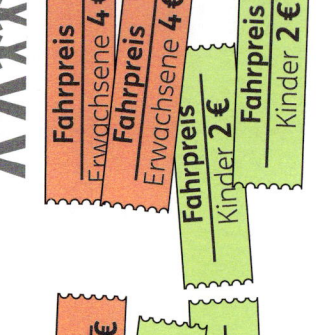

1 Aufbau der Tabelle besprechen, Tabelle in das Heft übertragen und fortsetzen. 2 Ergebnisse von 1 zur Lösung nutzen.

(K, M, D) → Arbeitsheft, Seite 71

3 Wie viel Geld bezahlt
Familie König für
4 Fahrten Achterbahn und
2 Luftballons?

Fahrt:	1	2	€
2 Luftballons:		6	€
zusammen:			

4 Wie viel Geld bezahlt
Familie Otte für 2 Kaffee
und 2 Eis?

5 Wie viel Geld bezahlen
Lena, Tom und Luis für
3 Fahrten Karussell, 1 Saft
und 1 Teddy?

6 Noah geht mit 20 € zur Kirchweih. Abends hat er noch 9 €.
Wie viel Geld hat er bezahlt? Wofür hat er bezahlt?

111

3–5 Preise von den Illustrationen zur Lösung nutzen. 6 Evtl. mit Rechengeld legen.
Weiterführung und Vertiefung: Thema Selbstbestimmtes Verbraucherverhalten.

(K, M, D) → Arbeitsheft, Seite 71

Zahlen und Aufgaben vergleichen

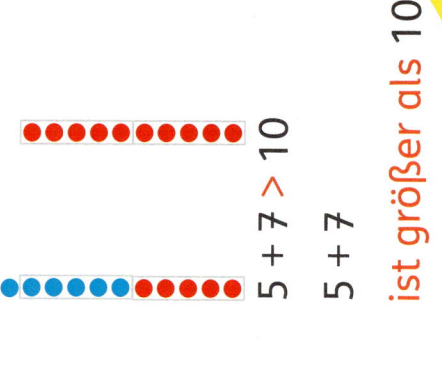

5 + 2 < 10
5 + 2
ist kleiner als 10

5 + 5 = 10
5 + 5
ist gleich 10

5 + 7 > 10
5 + 7
ist größer als 10

○ **1** < oder > oder =?

5 + 3 ◯ 10	12 + 3 ◯ 15	13 − 2 ◯ 10	16 − 3 ◯ 15
5 + 8 ◯ 10	14 + 2 ◯ 15	13 − 3 ◯ 10	20 − 5 ◯ 15
5 + 15 ◯ 20	17 + 3 ◯ 19	13 − 5 ◯ 10	18 − 9 ◯ 10
5 + 13 ◯ 20	11 + 5 ◯ 14	13 − 7 ◯ 9	15 − 2 ◯ 14

◐ **2** Welche Zahlen passen? Probiert.

| 0 | 1 | 2 | 3 | 4 | 5 | 6 | 7 | 8 | 9 |

6 + ▨ < 10   6 + ▨ = 10   6 + ▨ > 10   3, 2, 1, 0

14 + ▨ < 20   14 + ▨ = 20   14 + ▨ > 20

14 − ▨ < 10   14 − ▨ = 10   14 − ▨ > 10

● **3** Ordne die Aufgaben. Die Ergebnisse sind < 10   = 10   > 10.

| 14 − 9 | 17 − 13 | 15 − 10 | 18 − 8 | 12 − 3 | ▨ − ▨ |
| 3 + 7 | 8 + 5 | 15 + 4 | 9 + 9 | 6 + 3 | ▨ + ▨ |

---

1 Terme und Zahlen miteinander vergleichen.   2 Begriff der Leerstelle einführen. Verschiedene Lösungen der Ungleichungen suchen. Lösungszahlen herausstellen. Mögliche Gleichungen und Ungleichungen aufschreiben.   3 Aufgaben in Beziehung zur 10 ordnen (nach Möglichkeit ohne diese vorher auszurechnen).

(P, K, A, D)   → Arbeitsheft, Seite 72

Gleichungen und Ungleichungen

4 Immer 10.

1 + 3 + ☐ = 10
6 + ☐ + ☐ = 10
☐ + 5 + ☐ = 10
☐ + 4 + ☐ = 10

5 Immer 12.

1 + 5 + ☐ = 12
2 + 4 + ☐ = 12
3 + ☐ + ☐ = 12

6 Immer 14.

4 + 5 + ☐ = 14
3 + 5 + ☐ = 14
2 + 6 + ☐ = 14
4 + 6 + ☐ = 14

7 Würfelraten:

☐ + ☐ + ☐ = 8

Marta: Ist die 5 dabei?
Eric: Nein.

Marta: Ist die 4 dabei?
Eric: Ja.

Marta: Ist die 2 dabei?
Eric: Nein.
Marta: Dann kenne ich die Zahlen!
Eric: Warum?

(P, K, A) → Arbeitsheft, Seite 72

4–6 Mögliche Zerlegungen mit Würfelzahlen finden und notieren. 7 „Würfelraten" in Gruppen oder in der ganzen Klasse spielen.

Die Einspluseins-Tafel

○ **1** Beschreibe.

mit 1

doppelt

= 10

mit 10

mit 5

$10 + 1 = 11$

● **2** Einfache Aufgaben. Ordne.

$5 + 3 = 8$

● **3** Nachbaraufgaben. Lege und rechne.

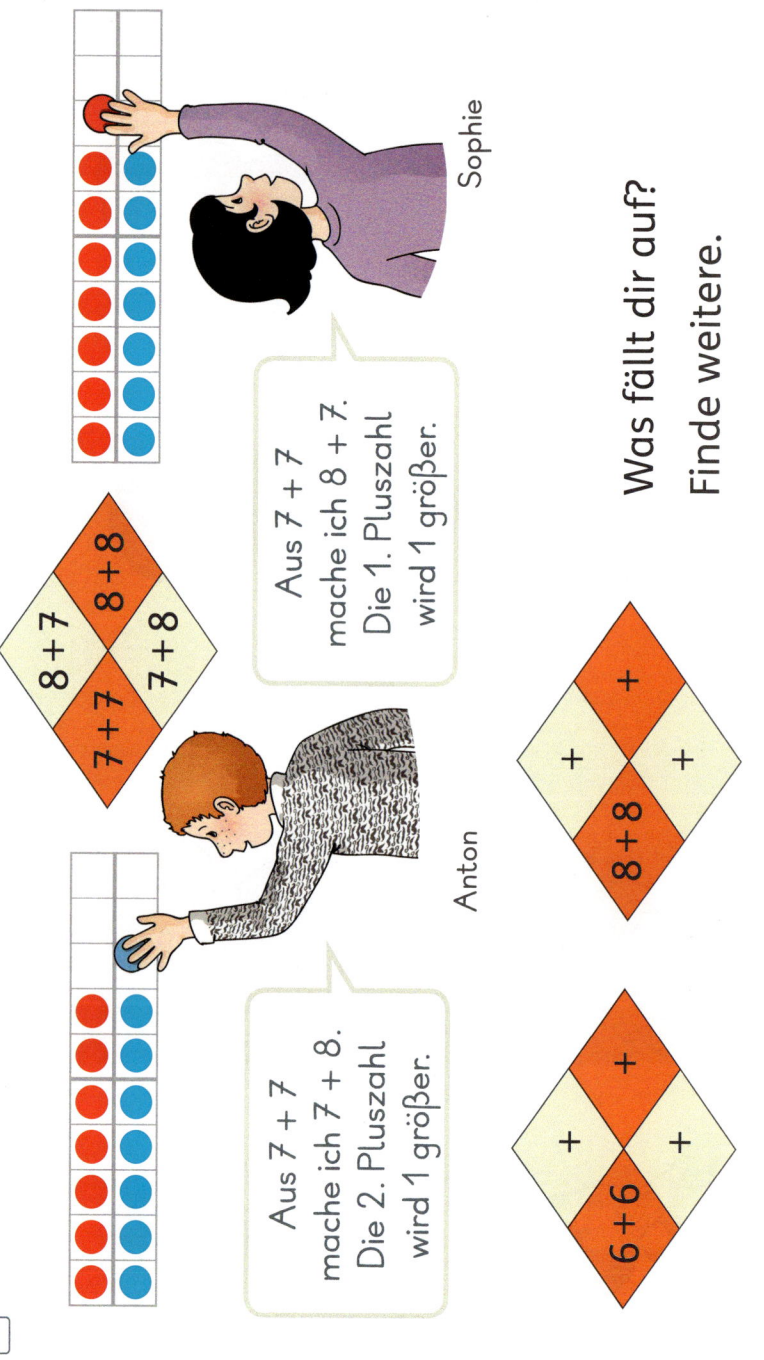

Aus 7 + 7 mache ich 8 + 7. Die 1. Pluszahl wird 1 größer.

Sophie

8 + 7   8 + 8
7 + 7   7 + 8

Aus 7 + 7 mache ich 7 + 8. Die 2. Pluszahl wird 1 größer.

Anton

Was fällt dir auf? Finde weitere.

    +
+ 8+8 +

    +
+ 6+6 +

1 Erste Orientierung auf der Einspluseins-Tafel. Wiedererkennen der einfachen Aufgaben. Zusätzliche grüne Rauten (Aufgaben mit 1 und 0) als einfache Aufgaben beschreiben. 2 Einfache Aufgaben rechnen, sortiert darstellen. 3 Nachbaraufgaben von Verdopplungsaufgaben finden, legen, an Einspluseins-Tafel zeigen und rechnen.

(K, A, D) → Arbeitsheft, Seite 73

4 Nachbaraufgaben. Lege und rechne.

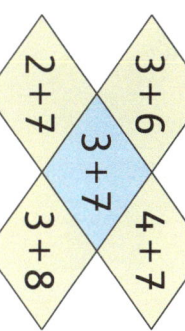

$8 + 4 =$
$8 + 5 = 13$
$8 + 6 =$

$7 + 5 =$
$8 + 5 = 13$
$9 + 5 =$

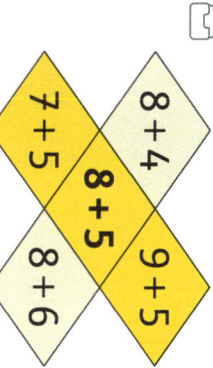

5 Lege, rechne und setze fort.

5 + 3	3 + 3	
5 + 4	3 + 4	
5 + 5	3 + 5	4 + 3
	7 + 3	3 + 3

6 Finde Nachbaraufgaben.

☐ + ☐ = 9
4 + 6 = 10
☐ + ☐ = 11

☐ + ☐ = 12
5 + 8 = 13
☐ + ☐ = 14

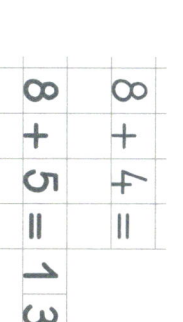

☐ + ☐ = 7
☐ + ☐ = 8
☐ + ☐ = 9

3 + 3
4 + 3
5 + 3

7 Lege und rechne die Nachbaraufgaben von 9 + 7.

10 + 7   10 + 6
8 + 7   8 + 8
           9 + 6
8 + 6   9 + 8
10 + 8

Finde Aufgaben und rechne die Nachbaraufgaben.

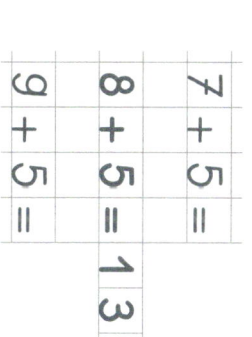

☐ + ☐ = 17
☐ + ☐ = 18
☐ + ☐ = 19

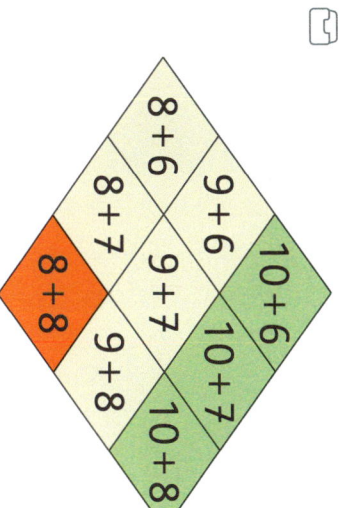

4, 5 Nachbaraufgaben systematisch finden und am Zwanzigerfeld darstellen. Differenzen erläutern. Wesentliche Begriffe (Ergebnisse, 1. Zahl, 2. Zahl, immer, größer, kleiner, gleich) anhand der Beschreibungen der Kinder erarbeiten. **6, 7** Nachbaraufgaben zu einer vorgegebenen Aufgabe finden.

(K, A, D)   → Arbeitsheft, Seite 73

115

Die Einspluseins-Tafel

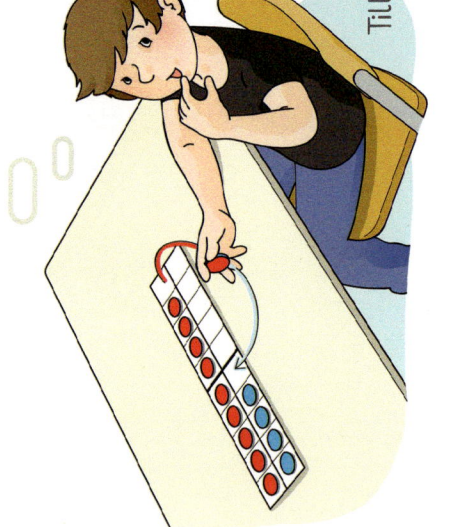

Till

Wie verändern sich die Zahlen und das Ergebnis?

1 Nachbaraufgaben. Lege und rechne.

Aus	10 + 4	9 + 5	8 + 6	7 + 7
mache	10 + 4	9 + 5	8 + 6	7 + 7

7 + 0
6 + 1
☐ + ☐

10 + 7
9 + 8
☐ + ☐

9 + 3   6 + 2
8 + 4   5 + 3
7 + 5   4 + 4
☐ + ☐   ☐ + ☐

Was fällt dir auf?

2 Nachbaraufgaben. Lege und rechne.

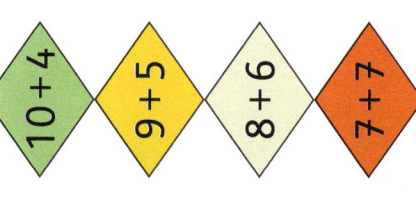

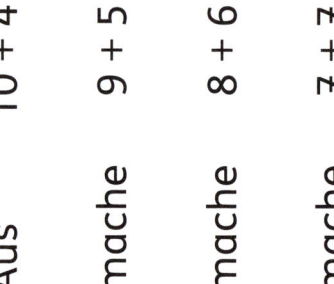

6 + 2   2 + 3   1 + 6
7 + 3   3 + 4   2 + 7
8 + 4   4 + 5   3 + 8
☐ + ☐   ☐ + ☐   ☐ + ☐

4 + 2
☐ + ☐
☐ + ☐

Was fällt dir auf?

✱ 3 Schreibe Aufgaben mit dem Ergebnis 12.

✱ 4 Schreibe Aufgaben mit dem Ergebnis 15.

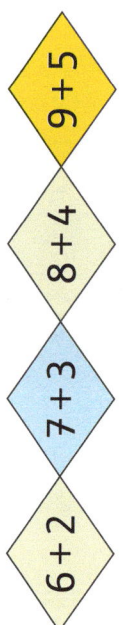

1, 2 Aufgaben am Zwanzigerfeld legen und rechnen (entsprechende Spalten und Zeilen auf Einspluseins-Tafel zeigen). Schöne Päckchen erkunden. Begründungen entwickeln. Begriffe anhand der Beschreibungen der Kinder erarbeiten. 3, 4 Eigene Aufgabenserien erfinden.

■ (K, A, D) → Arbeitsheft, Seite 74

116

5 Vergleicht mit den Nachbaraufgaben.

6 + 8 = 14
5 + 8 ◯ 14
7 + 7 ◯ 14

7 + 3 = 10   10 < 7 + 4
6 + 4 ◯ 10   10 ◯ 7 + 5
5 + 5 ◯ 10   10 ◯ 6 + 5

6 + 3 < 10   10 ◯ 6 + 4
5 + 3 ◯ 10   10 ◯ 5 + 4
5 + 4 ◯ 10   10 ◯ 5 + 5

Verdoppeln ist genau darüber. Das ist das Gleiche.

5 + 8 ist eine Nachbaraufgabe. 6 + 8 ist 1 mehr.

Paula · Ben

6 Vergleiche. < oder > oder =? Nutze die Einspluseins-Tafel.

3 + 1 < 5   8 + 1 ◯ 15   10 ◯ 3 + 3   8 + 6 ◯ 5 + 5
3 + 2 ◯ 5   8 + 3 ◯ 15   10 ◯ 4 + 4   7 + 5 ◯ 5 + 5
3 + 3 ◯ 5   8 + 5 ◯ 15   10 ◯ 5 + 5   6 + 4 ◯ 5 + 5
2 + 3 ◯ 5   8 + 7 ◯ 15   10 ◯ 6 + 6   5 + 3 ◯ 5 + 5
☐ + ◯ 5   ☐ + ◯ > 15   10 < ☐ + ☐   ☐ + ◯ < 5 + 5

7 Finde passende Zahlen.   0 1 2 3 4 5 6 7 8 9

1 + ☐ < 5   10 > 4 + ☐   10 < ☐ + ☐
1 + ☐ = 5   10 = 5 + ☐   10 = ☐ + ☐
1 + ☐ > 5   10 < 6 + ☐   10 > ☐ + ☐

✽ 8 Schreibe Plusaufgaben. Das Ergebnis ist immer kleiner als 12. gleich 12. größer als 12.

1 + 4 < 1 2   5 + 7 = 1 2   10 + 3 > 1 2

---

5 Zeichen einsetzen, evtl. Einspluseins-Tafel nutzen. Kindern bewusst machen, dass man oft nicht viel zu rechnen braucht. Beispiel: Da 5 + 5 gleich 10 ist 7 + 7 größer als 10. 6 Aufgaben mit Zahlen bzw. mit Aufgaben vergleichen, passende Zeichen setzen. 7, 8 Passende Zahlen und Aufgaben finden.

(K, A, D) → Arbeitsheft, Seite 74

Zahlenmauern

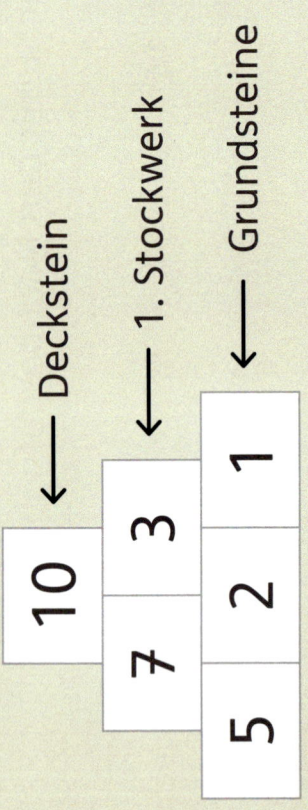

1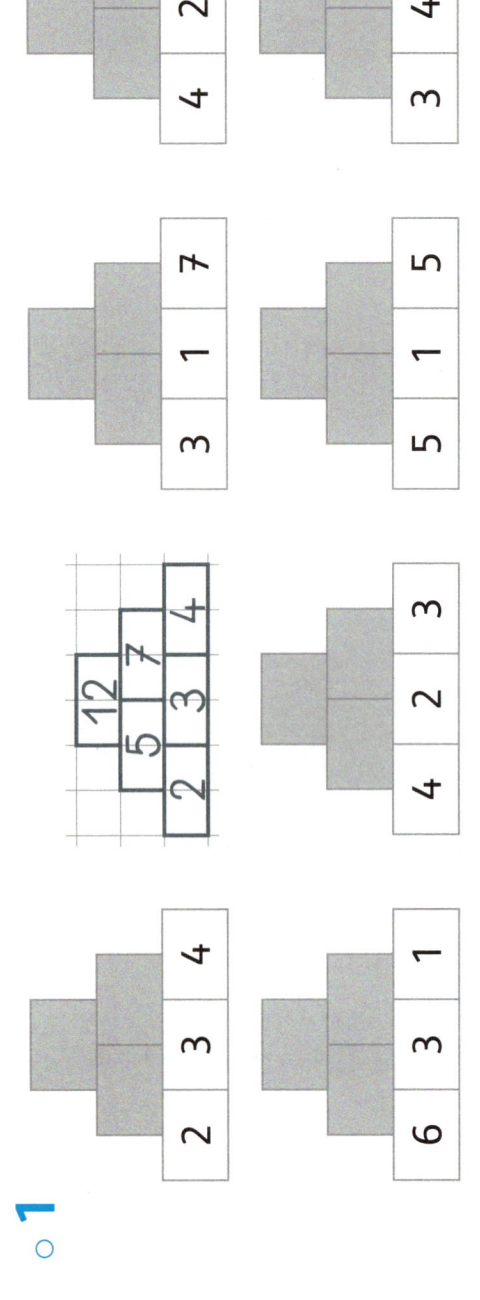

2 Rechne, vergleiche, beschreibe.

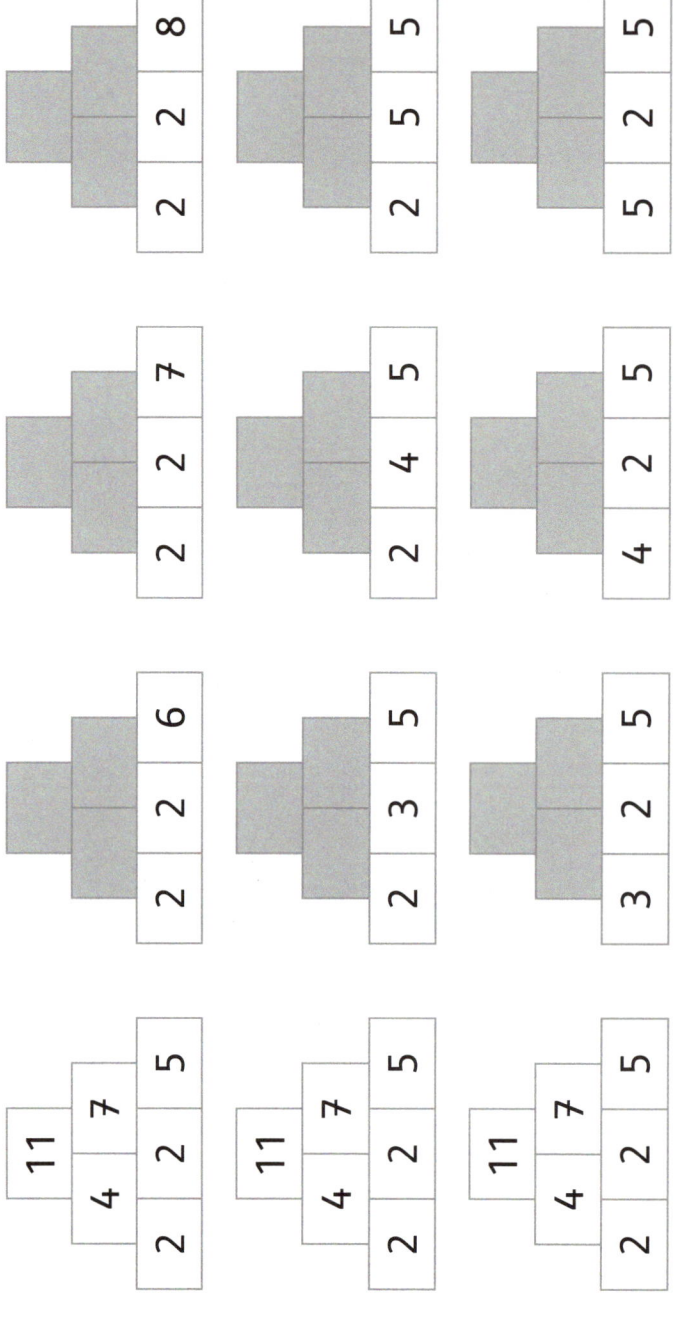

3 Finde Zahlenmauern.

4 Rechnet geschickt.

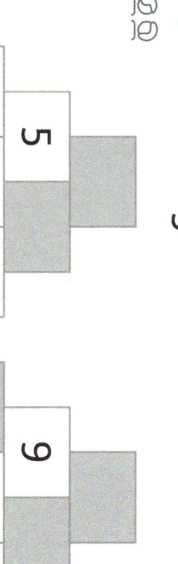
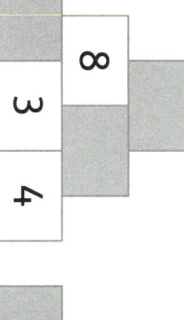

5 Schöne Muster. Rechnet und setzt fort. Vergleicht. Was fällt euch auf?

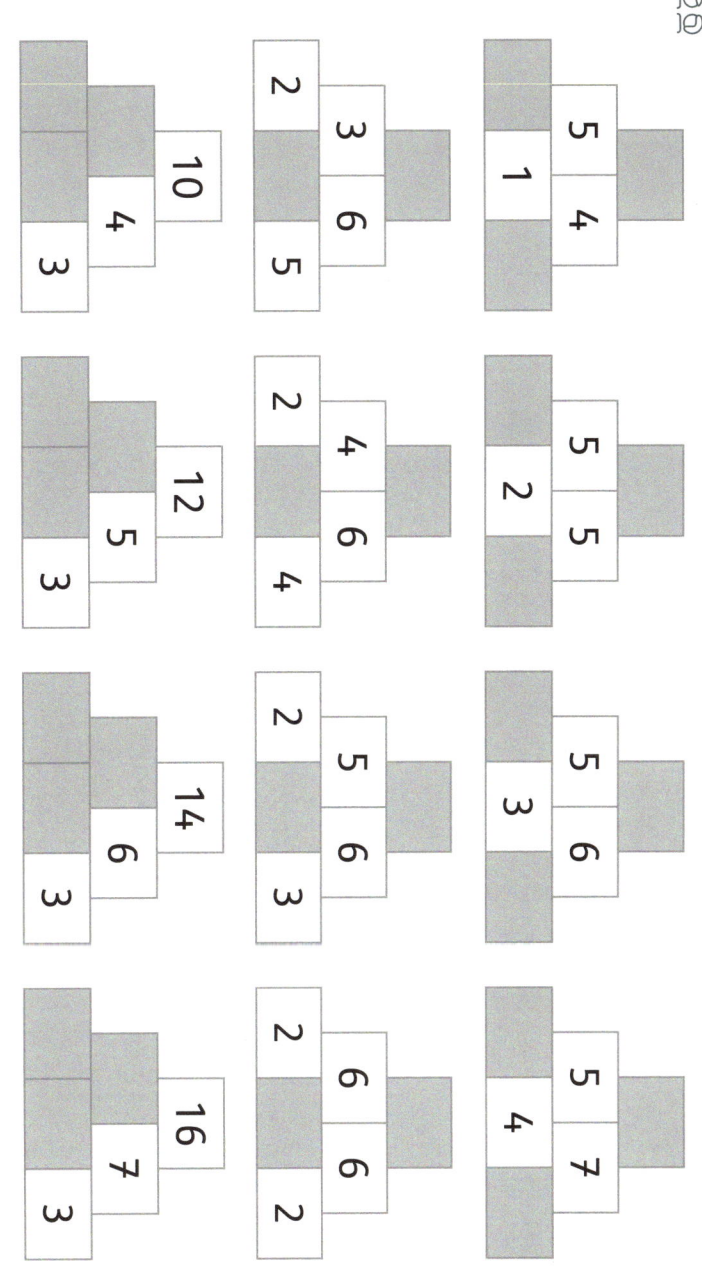
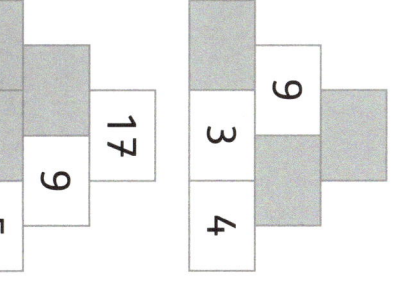

Ich ergänze: Von 4 bis 5 sind 1. — Finn

Ich rechne 5 − 4 = 1. — Noah

6 Findet verschiedene Grundsteine.

4 Fehlende Zahlen berechnen. 5 Fehlende Zahlen berechnen. Beziehungen zwischen den Mauern beschreiben. Entdeckungen evtl. farbig in den Mauern markieren, Begriffe wie Deckstein, Grundsteine, mittlerer Grundstein nutzen. 6 Alle möglichen Grundsteine finden.

(K, A) → Arbeitsheft, Seite 75

Halbieren: Gerade und ungerade Zahlen

Ich verdopple: 3 + 3 = 6.

Die Hälfte von 6 ist 3.

Ich halbiere: 6 = 3 + 3.

Das Doppelte von 3 ist 6.

Till   Marta   Eric   Lena

1 Welche Zahlen lassen sich halbieren? Kreuze an.

X 6 = 3 + 3

7 = 4 +

9 = +

8 = +

4 = +   10 = +   12 = +   16 = +
5 = +   11 = +   13 = +   17 = +

2 Finde Zahlen, die man halbieren kann.

1 4 = 7 + 7

3 Halbieren

Zahl zeigen, nennen und halbieren.

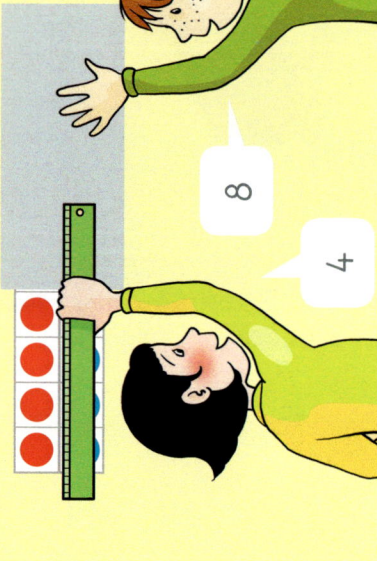

4   8

8 = 4 + 4

8 − 4 = 4

Die Hälfte von 8 ist 4.

Das Doppelte von 4 ist 8.

Gerade Zahlen kann man halbieren.

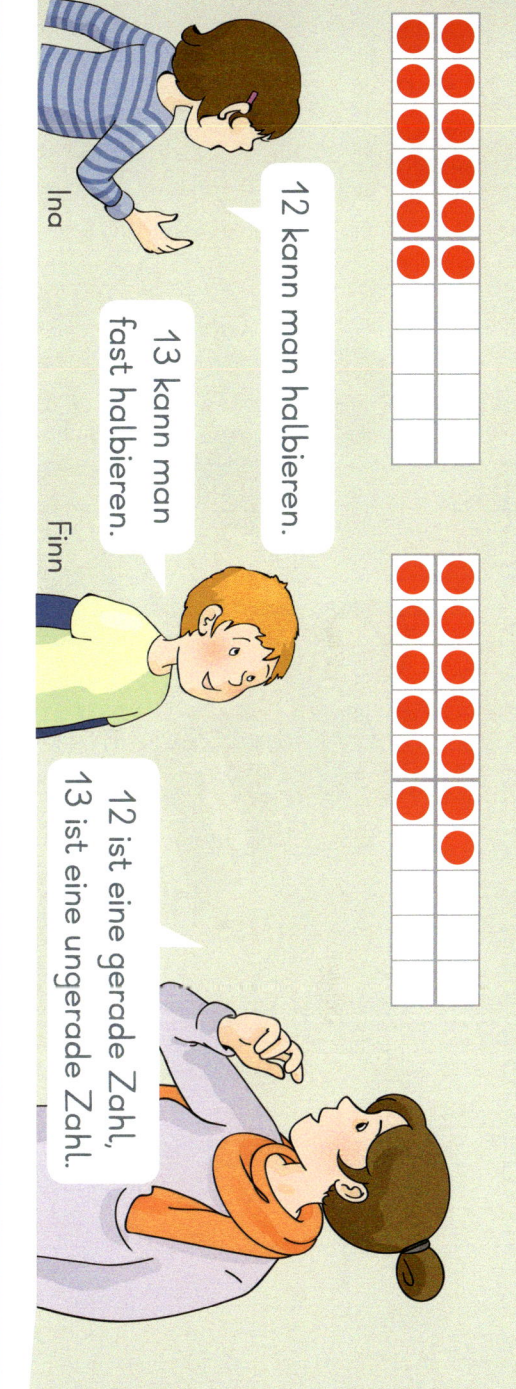

12 kann man halbieren.
Ina

13 kann man fast halbieren.
Finn

12 ist eine gerade Zahl.
13 ist eine ungerade Zahl.

4 Stellt gerade und ungerade Zahlen her.

gerade Zahlen			ungerade Zahlen		
2	4	...	1	3	...

5 Legt und rechnet Plusaufgaben mit geraden und ungeraden Zahlen.

4 + 6   5 + 1
6 + 8   7 + 3
8 + 4   9 + 5
10 + 2 5 + 7

2 + 1   1 + 8
6 + 3   3 + 4
4 + 7   5 + 2
8 + 7   3 + 2

Wann ist das Ergebnis gerade? Wann ungerade? Erklärt.

Kim   Anna

3+5=8
10+6=16
6+5=

✱ 6 Untersucht auch Minusaufgaben.
Ordnet nach geraden und ungeraden Ergebnissen.

Fachwörter gerade Zahlen und ungerade Zahlen einführen. **4** Gerade und ungerade Zahlen finden und herstellen. **5** Rechenregeln für die Addition von geraden und ungeraden Zahlen erforschen und an Punktemustern begründen.

(K, A, D)
→ Arbeitsheft, Seite 76

121

Plusaufgaben mit gleichen Zahlen

2 Zehner:
10 + 10

4 Fünfer: 5, 10, 15, 20

5 Vierer: 4, 8, 12, 16, 20

10 mal 2: 2, 4, 6, 8, 10, 12, 14, 16, 18, 20

1

Zehner	

2 Zehner		
1 0	+	1 0

Fünfer   Zweier   Vierer

2 Zählt in Schritten. Trefft die 12.

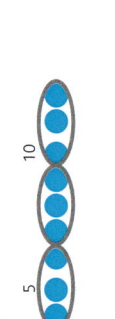

Zweier 2, 4, 6, 8, 10, 12

Dreier 3,

Vierer 4,

Trefft die 15.

Trefft die 12.

Trefft die ▪.

3 Zählen in Schritten

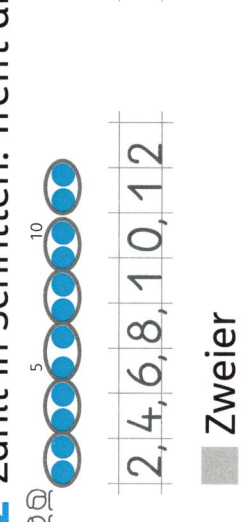

Immer 4 weiter.

Schritte vorgeben und in Schritten zählen.

Immer + 4   4   8   12   16   20

4, 8, 12, 16, 20

122

Mal als verkürzte Sprechweise für wiederholte Addition einer Bündelungseinheit einführen. **1** Zwanzigermenge unterschiedlich in Produkte zerlegen. **2** Zählen in Schritten als Grundlage für das Mini-Einmaleins nutzen. Die Kinder wählen eigene Schritte, mit denen sie die Zahlen treffen können (Erinnerung an Zahlenraupen).

▪ (P, K, D)

○ **4** Wie viele Beine haben 6 Gänse?

Wie viele Beine haben 4 Kühe?

◐ **5** Zeige und rechne.

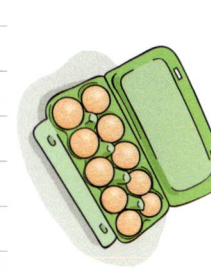 4 mal 4 = ▨   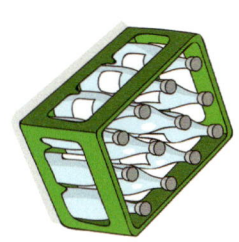 2 mal 5 = ▨   2 mal 4 = ▨   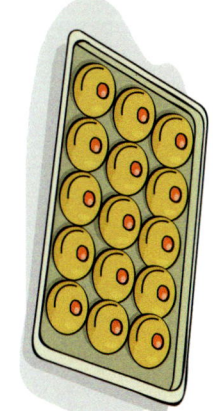 3 mal 4 = ▨

○ **6** Zeige und rechne immer zwei Aufgaben.

2 mal 5 = 1 0
5 mal 2 = 1 0

○ **7** Mini-Einmaleins

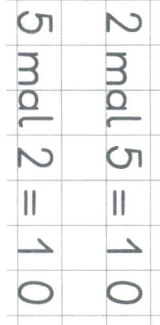

3 mal 3

9

Aufgabe zeigen, nennen und Ergebnis nennen.

3 + 3 + 3

3, 6, 9

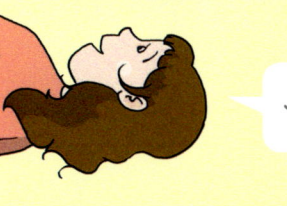

4–7 Rechteckige Anordnungen zur Darstellung von Einmaleins-Aufgaben nutzen. Erste Zugänge zum Kommutativgesetz der Multiplikation schaffen.

(P, K, D)

123

Rückblick

Ich kann Zahlen und Aufgaben vergleichen. Ich kann Nachbaraufgaben zum geschickten Rechnen nutzen. Ich kann Zahlen halbieren.

1 Vergleiche. < oder > oder =?

8 ● 5+1   3+3 ● 5   4+5 ● 4+4
8 ● 5+2   3+3 ● 6   4+6 ● 5+5
8 ● 5+3   3+3 ● 7   4+7 ● 6+6
8 ● 5+5   3+3 ● 8   4+8 ● 7+7

2 Welche Zahlen passen? 0 2 4 5 6 10 15

5 + ■ < 10   5 + ■ = 10   5 + ■ > 10

0,

20 – ■ < 15   20 – ■ = 15   20 – ■ > 15

3 Rechne geschickt mit Nachbaraufgaben.

8+7   9+8   7+8   8+7
  8+8   **8+8** **8+8**
7+8   8+9   9+8   8+9

4 Halbiere.

6 = ■ + ■   10 = ■ + ■   20 = ■ + ■   8 = ■ + ■   12 = ■ + ■

5 Übt immer wieder.

Halbieren (Seite 120)   Zählen in Schritten (Seite 122)
Mini-Einmaleins (Seite 123)

124

■ Wesentliche Aspekte des Kapitels noch einmal besprechen und reflektieren.

■ (D) → Arbeitsheft, Seite 77

Forschen und Finden: Zahlenmauern

1 Finde Mauern mit den Grundsteinen $\boxed{3}$, $\boxed{4}$, $\boxed{5}$. Was fällt dir auf?

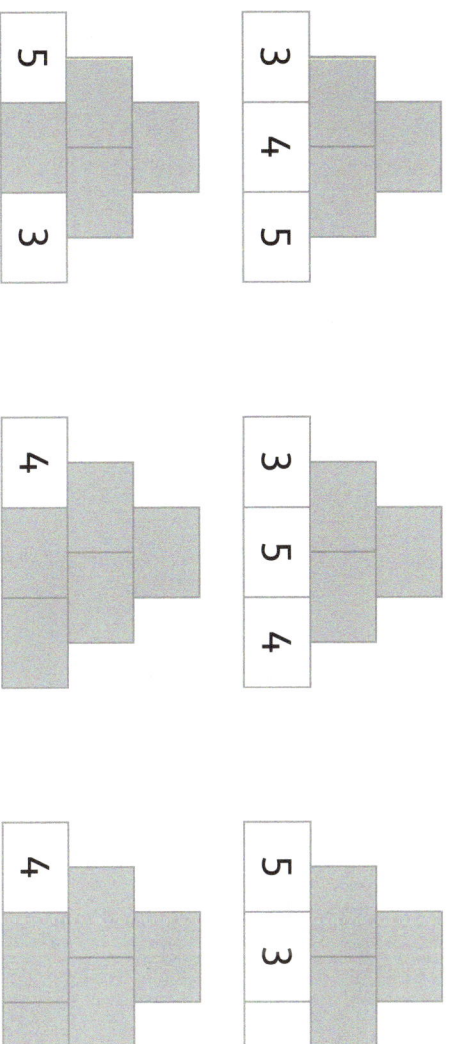

2 Finde Mauern mit den Grundsteinen. Vergleiche.

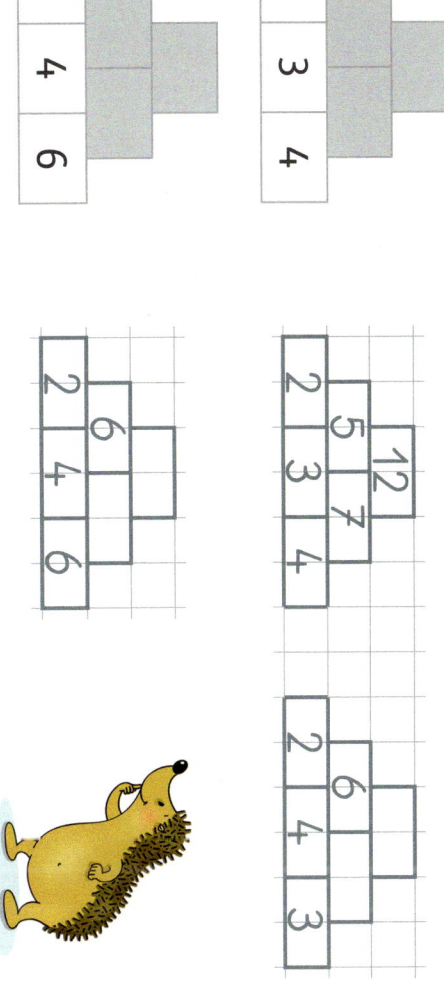

3 Wähle 3 Grundsteine. Baue damit alle Mauern.

4 Findet Zahlenmauern mit Deckstein $\boxed{6}$.

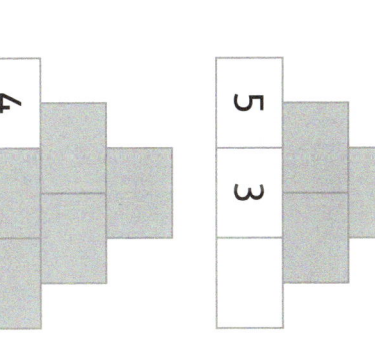

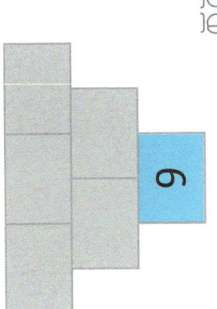

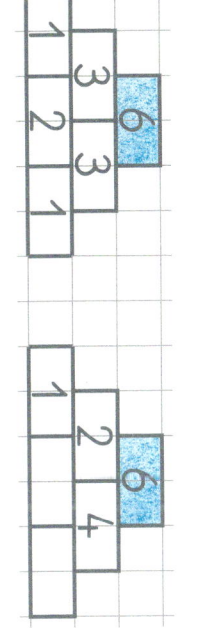

1–3 Struktur der Zahlenmauern wiederholen. 1 3 Grundsteine vorgeben, Beziehung zwischen den Mauern untersuchen und begründen. 2, 3 Alle Mauern mit den Grundsteinen finden und berechnen. 4 Möglichst viele Zahlenmauern mit dem vorgegebenen Deckstein finden.

(P, K, A, D) → Arbeitsheft, Seite 78

Sitzpläne

1 Erzähle.

Ich bin Murat.
Rechts von mir sitzt Paula.
Links von mir sitzt niemand.
Mir **gegenüber** sitzt Max.

Till	Anna	Paula	Murat
Ben	Mila	Esra	Max

○ **2** Ich bin Mila.

Rechts von mir sitzt ▨ .
Links von mir sitzt ▨ .
Mir **gegenüber** sitzt ▨ .

○ **3** Ich bin Paula.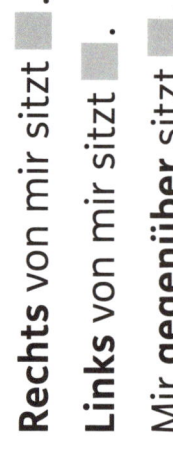

Rechts von mir sitzt ▨ .
Links von mir sitzt ▨ .
Mir **gegenüber** sitzt ▨ .

○ **4** Ich bin Ben.

Rechts von mir sitzt ▨ .
Links von mir sitzt ▨ .
Mir **gegenüber** sitzt ▨ .

○ **5** Ich bin Till.

Rechts von mir sitzt ▨ .
Links von mir sitzt ▨ .
Mir **gegenüber** sitzt ▨ .

○ **6** Ich bin ▨ .

Rechts von mir sitzt ▨ .
Links von mir sitzt ▨ .
Mir **gegenüber** sitzt ▨ .

1 Zum Bild erzählen lassen. Dabei Raumlagebegriffe nutzen: *rechts, links, gegenüber, zwischen, auf, unter, neben.* 2–6 Im Plan orientieren.

(P, K) → Arbeitsheft, Seite 79

7 Zeichne den Plan.

8 Wer sitzt wo?

Mila sitzt **zwischen** ▢ und ▢.

Paula sitzt **zwischen** ▢ und ▢.

Links von Till sitzt ▢.

Rechts von Till sitzt ▢.

Links von Esra sitzt ▢.

Rechts von Esra sitzt ▢.

Gegenüber von Ben sitzt ▢.

Gegenüber von ▢ sitzt ▢.

9 Zeichne einen Plan für deinen Tisch.

---

7 Geänderte Sitzsituation wahrnehmen. Neuen Sitzplan passend dazu erstellen. **8** Sätze mit Bezug zum Plan aus Aufgabe 7 vervollständigen. Dabei Raumlagebegriffe richtig interpretieren. **9** Für den eigenen Tisch/Gruppentisch einen Sitzplan entwerfen. Möglicherweise einen Plan für die gesamte Klasse erstellen.

(P, D) → Arbeitsheft, Seite 79

Straßenpläne: Eckenhausen

Tankstelle, Eisdiele, Krankenhaus, Taxistand, Post, Parkhaus, Spielplatz, Schwimmbad, Imbiss, Kirche

○ **1** Beschreibe.

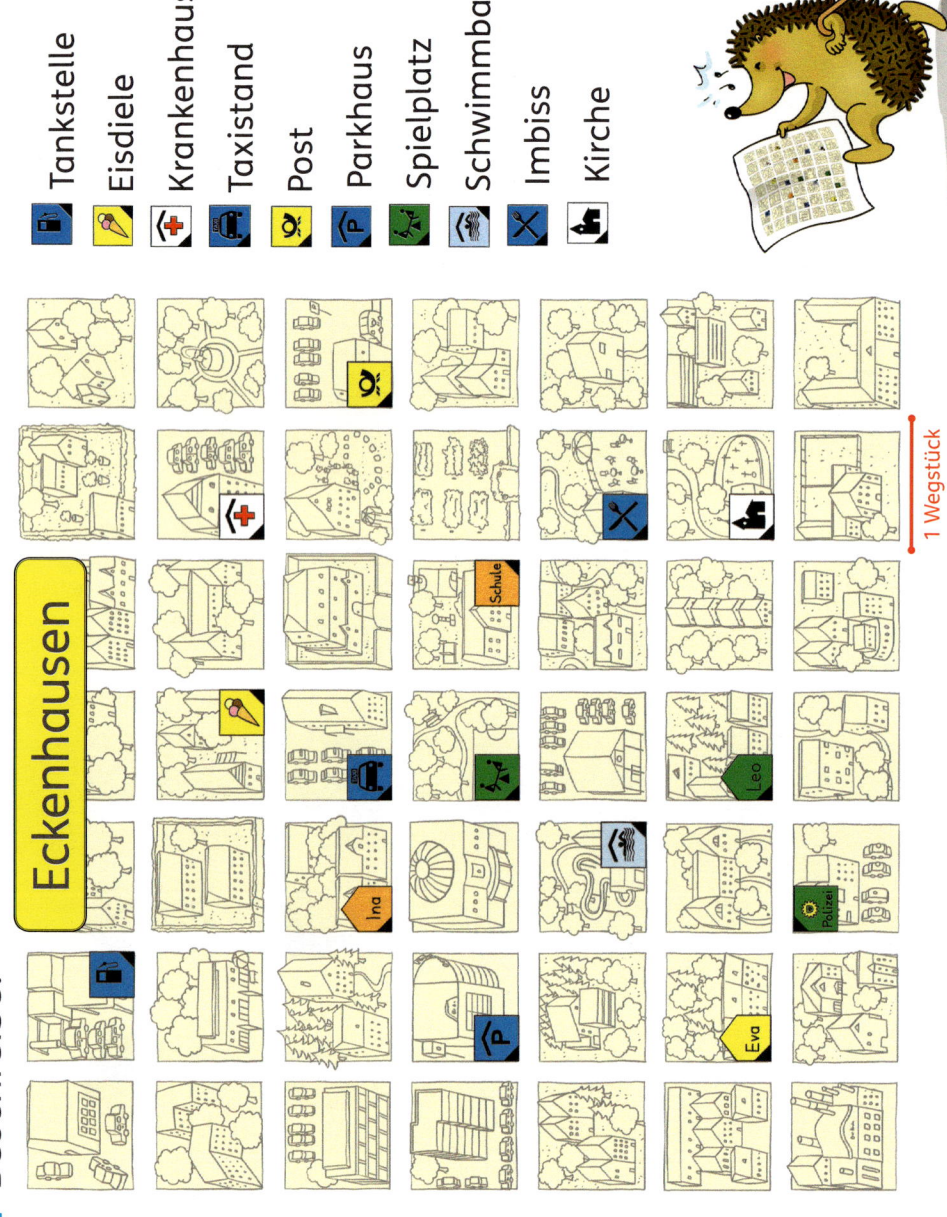

1 Wegstück

○ **2** Finde Wege.

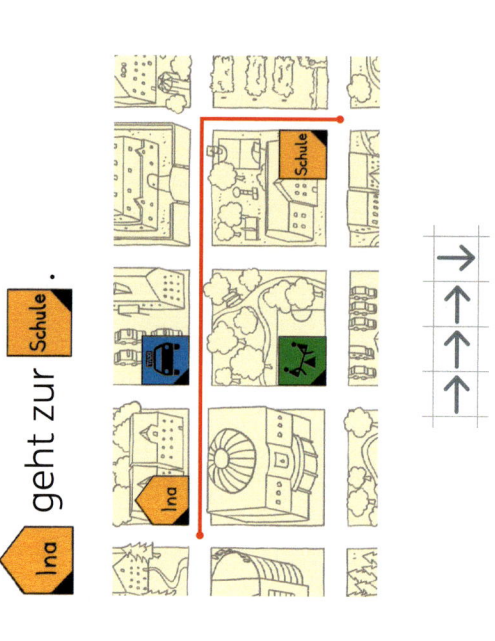

Ina geht zur Schule.

→ ↑ ↑
↑ ↑

Leo geht zur Schule.

✱ **3** Finde weitere Wege für Leo zur Schule und Ina zur Schule.

1 Gemeinsam den Stadtplan von Eckenhausen besprechen. Dabei auch Raumlagebegriffe wie *oben, unten, rechts, links* üben. **2, 3** Sich im Plan von Eckenhausen orientieren, Wege vom Startpunkt zum Zielpunkt finden (auch Umwege). Wege mit Pfeilen kodieren.

(K, D) → Arbeitsheft, Seite 80

4 Eva geht zu 🏠.

→ → →   → → ← →
→ ↑ ↑   → ↑ ↑

- Wie kann sie noch gehen? Schreibe mit Pfeilen.
- Welche Wege sind am kürzesten?
  Wie viele gibt es? Schreibe alle auf.

5 Das Taxi fährt immer 3 Wegstücke.
Das Taxi fährt keine Umwege.
Wo kann es hinkommen?
Markiere die Ziele mit Plättchen.
Was fällt dir auf?

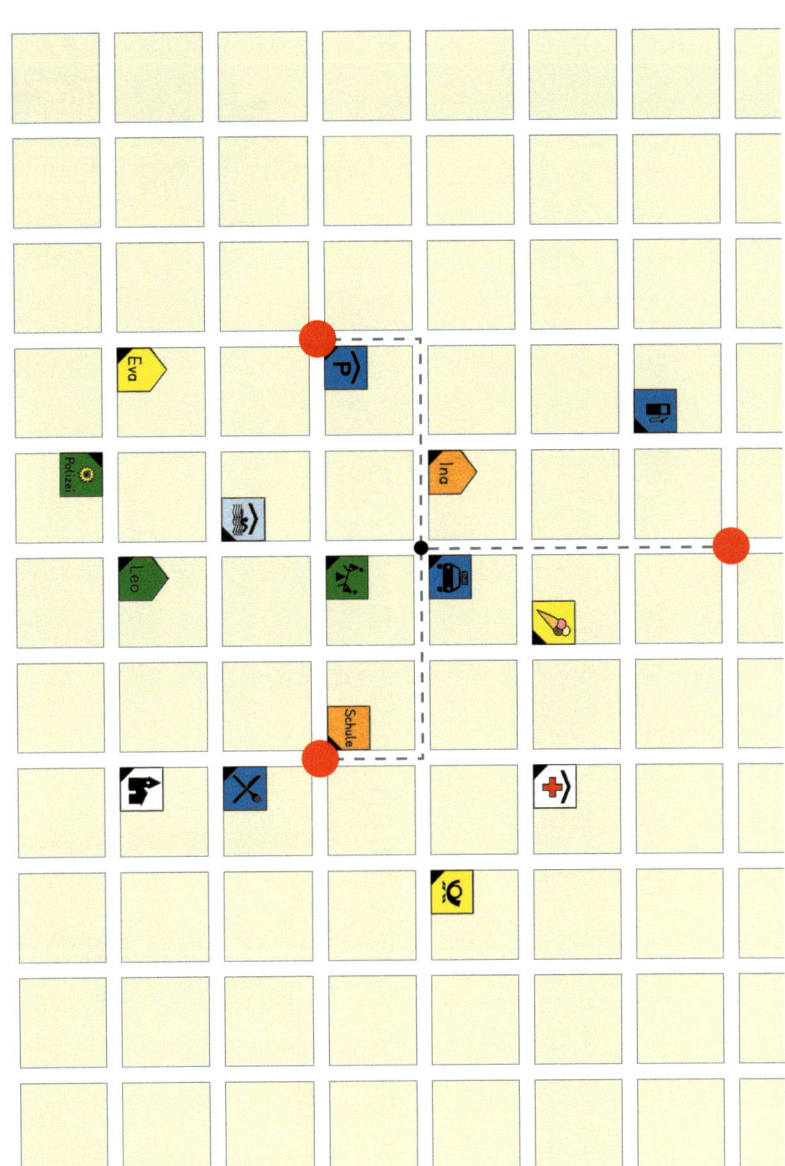

4. Ziel ermitteln. Weitere Wege zu diesem Ziel finden. Möglichst systematisch alle möglichen kürzesten Wege finden. Über Vorgehensweisen gemeinsam sprechen. 5 Endpunkte aller gleich langen kürzesten Wege im Plan markieren. Erkennen, dass die Endpunkte ein Quadrat bilden. Entdeckung notieren.

(P, K, D) → Arbeitsheft, Seite 80

129

Rechengeschichten

1 Erzähle und rechne.

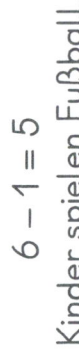

Wie viele Kinder spielen gerade Fußball?

3 + 2 = 5
5 Kinder spielen Fußball.

6 − 1 = 5
5 Kinder spielen Fußball.

Wie viele Flaschen stehen neben dem Feld?

Wie viele Tore wurden insgesamt geschossen?

Gibt es für jedes Kind einen Ball?

Wie viele Tore braucht die blaue Mannschaft zum Ausgleich?

2 Ordne die Aufgaben den Bildern zu. Erzähle.

4 + 4

6 + 1

14 − 1

4 mal 2

✳ Finde weitere Aufgaben.

1 Anhand des Bildes passende Aufgaben zu den Fragen finden und berechnen. Anschließend können die Kinder noch eigene Fragen finden. 2 Jede Aufgabe einem Bildausschnitt zuordnen und erläutern. Anschließend eigene Aufgaben zu den Bildern finden.

■ (K, M, D) → Arbeitsheft, Seite 81

3 Finde eine passende Frage und beantworte sie.

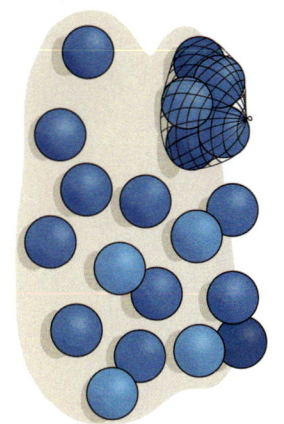

Auf dem Fußballfeld liegen 20 Bälle. Leo sammelt 5 Bälle ein. Till sammelt doppelt so viele ein.

Eine Limonade kostet 2 €. Anton hat 10 €. Er kauft 3 Flaschen.

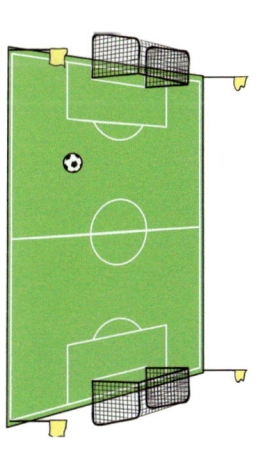

Es gibt 3 Fußballfelder. Auf jedem Fußballfeld gibt es 2 Tore und 4 Eckfahnen.

4 Rechengeschichten finden.

1 Kasten Wasser. 4 Flaschen sind leer.
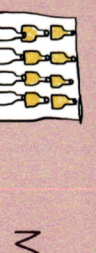
Mila

Das Fest dauert 4 Stunden. Es endet um 12 Uhr.

Max

12 − 4

Beim Spiel sind 12 Tore gefallen. Die blaue Mannschaft hat 4 Tore geschossen.

Eric

Anne ist 12 Jahre alt. Tom ist 4 Jahre jünger.
Finn

Tim hatte 12 €. 4 € hat er für Kuchen bezahlt.

Kim

✶ 5 Findet Rechengeschichten. 👥

10 + 4   8 + 8   14 − 4   8 − 8   4 + 4 + 4   5 + 2 + 2

131

3 Fragen zu den Rechengeschichten finden und anschließend passende Aufgaben berechnen. 4 Sachaufgaben der Kinder lesen und passende Rechenfragen finden. 5 In Partnerarbeit aus den vorgegebenen Rechnungen Aufgaben auswählen und dazu Rechengeschichten finden und evtl. zeichnen.
(K, M, D) → Arbeitsheft, Seite 81

Tages- und Uhrzeiten

Ein Tag hat 24 Stunden.

1	2	3	4	5	6	7	8	9	10	11	12

1 So sieht Lenas Tag aus. Erzähle.

■ ___ Uhr

■ ___ Uhr

■ ___ Uhr

■ ___ Uhr

Über volle Stunden im Tageslauf mit Bezug zum Verlauf der Sonne sprechen. Uhrzeiten an einer Analoguhr einstellen, dabei die Bedeutung der Zeiger klären. Volle *Stunden* im Tagesablauf verankern (*nachts, morgens, vormittags, mittags, nachmittags, abends …*).

(D) → Arbeitsheft, Seite 82

Volle Stunden einstellen bzw. an der Analoguhr ablesen. **2** Den eigenen Tagesablauf beschreiben. Dabei grob die entsprechenden Uhrzeiten nennen und an einer Analoguhr einstellen.
Weiterführung und Vertiefung: Thema Gesundheit.

(K, D) → Arbeitsheft, Seite 82

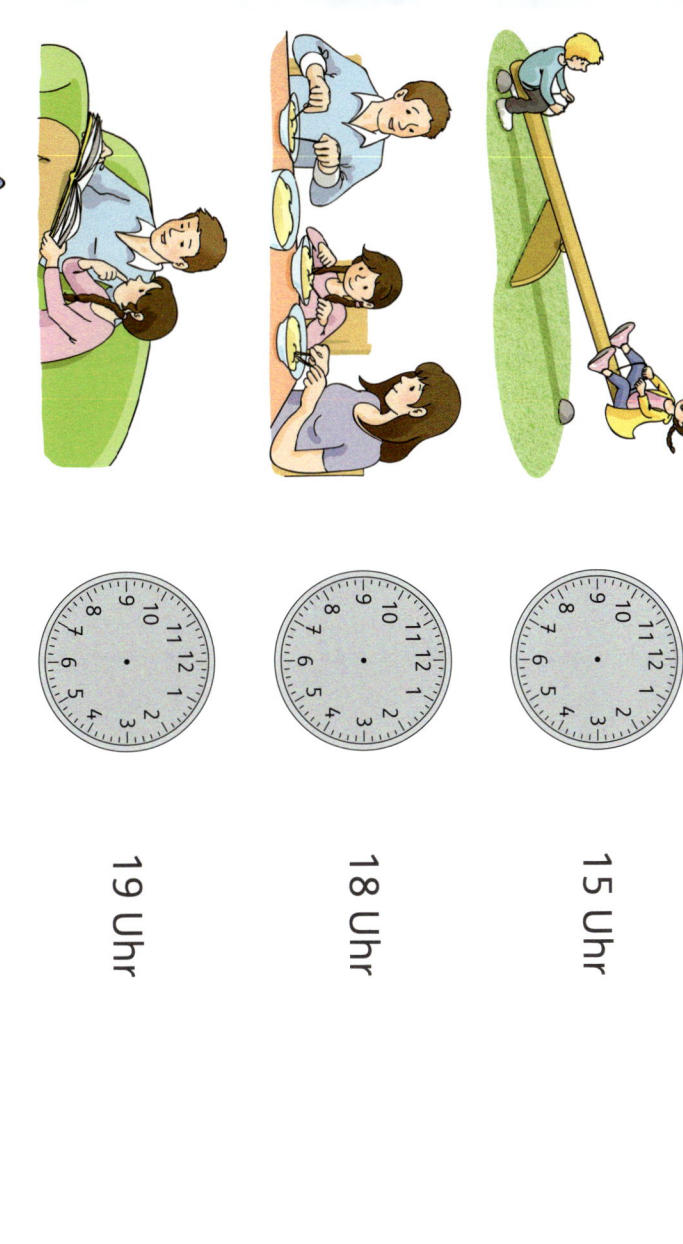

15 Uhr

18 Uhr

19 Uhr

20 Uhr

2 Wie sieht dein Tag aus?

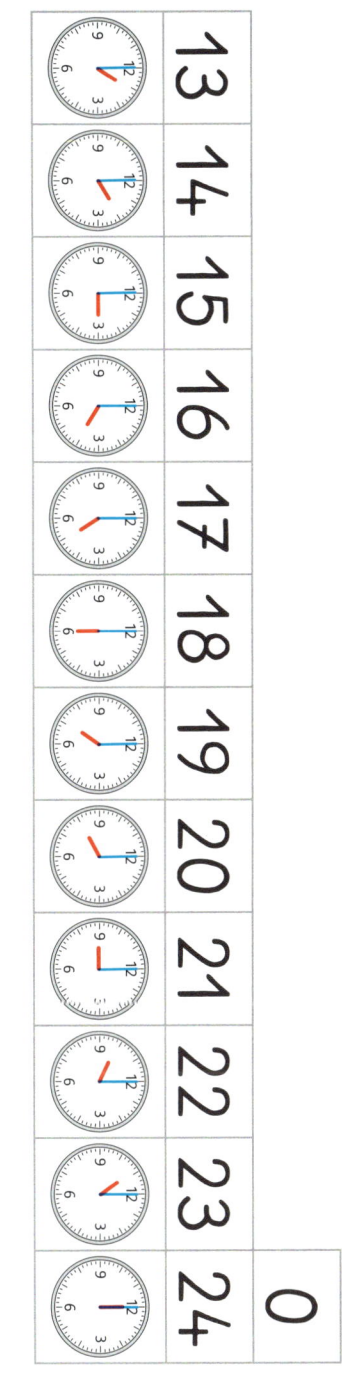

133

Stunden und Minuten

Beobachte genau die Zeiger der Uhr. Beschreibe.

Minutenzeiger **Stundenzeiger** **Sekundenzeiger**

1 Stunde hat 60 Minuten.   1 Minute hat 60 Sekunden.

○ **1** Versuche für genau eine Minute die Augen zu schließen.

✱ **2** Was kannst du in einer Stunde alles machen? Male.

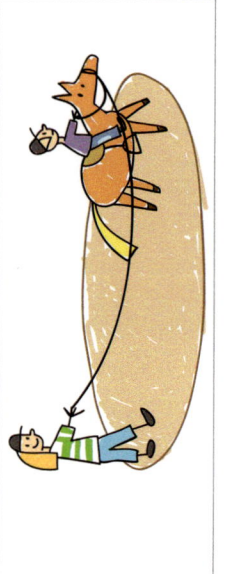

○ **3** Wie spät ist es?

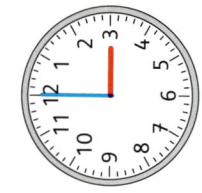 

5 Uhr
17 Uhr

134

Über das Zifferblatt einer Analoguhr sprechen. Schwierigkeiten beim Ablesen der Nachmittagsstunden besprechen. **1, 2** Erste Erfahrungen mit Zeitspannen sammeln. Stützpunktvorstellungen aufbauen. Weitere Beispiele für eine Stunde sammeln. **3** Uhrzeit lesen und evtl. an der Lernuhr einstellen, eigene Uhrzeit wählen.

■ (K, D) → Arbeitsheft, Seite 83

4 Wie lange dauert es?

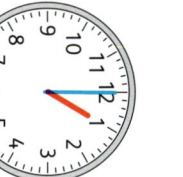 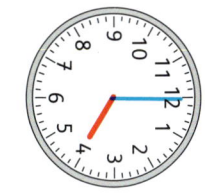
■ Beginn

■ Uhr

■ Stunden

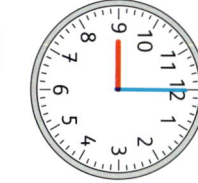
■ Uhr

■ Ende

■ Stunden

■ Uhr

■ Uhr

5 Wie spät ist es?

■ Beginn

■ Uhr

2 Stunden

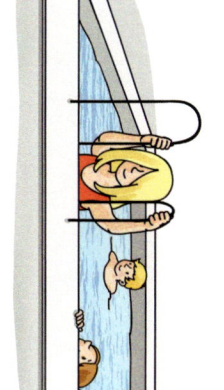
1 Stunde

■ Ende

■ Uhr

6 Finde Aufgaben zu Uhrzeiten.

4, 5 Unterschied zwischen Zeitpunkt und Zeitspanne besprechen. Die Aufgaben an einer Lernuhr nächste len lassen. 6 Eigene Aufgaben mit Zeitpunkten und Zeitspannen finden. In den folgenden Wochen immer wieder Uhren ablesen lassen und dazu Aufgaben stellen.

(M, D) → Arbeitsheft, Seite 83

Alle Münzen

Euromünzen

Centmünzen

1 Immer 10 Cent. Lege und zeichne.

Wie viele Münzen sind es?

1	1	1	1	1	1	1	1	1	1	10
1	1	1	1	1	1	1	1	2		9
1	1	1	1	1	1	2	2			8
2	1	1	1	1	2	2				7

Geht es auch mit 6, 5, 4, … Münzen?

2 Immer 20 Cent. Lege und zeichne.

Wie viele Münzen sind es?

20				1
10	10			2
10	5	5		3
5	5	5	5	4

Geht es auch mit 5, 6, 7, … Münzen?

✽ 3 Ich habe 2 Centmünzen. Wie viel Geld könnte es sein? Ordne nach dem Wert.

1 Euro hat 100 Cent.

4 Immer 1 Euro. Lege mit 🪙10 🪙20 🪙50 🪙1. Zeichne.

①	⑩	⑩	⑩	⑩	⑩
㊿	⑩	⑩	⑩	⑩	
㊿	㊿				

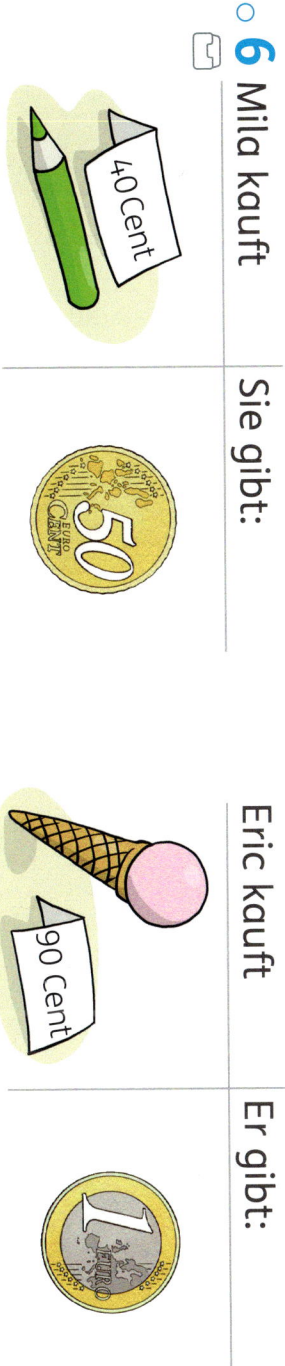

100 — hundert
90 — neunzig
80 — achtzig
70 — siebzig
60 — sechzig
50 — fünfzig
40 — vierzig
30 — dreißig
20 — zwanzig
10 — zehn

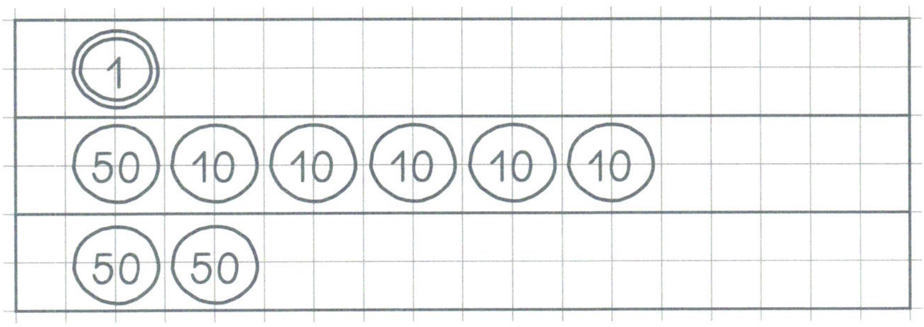

5 Lege und rechne.
Lina hat in ihrer Spardose:

Wie viel Euro sind es?

6 Mila kauft

Sie gibt:

Eric kauft

Er gibt:

Wie viel Cent bekommt sie zurück?   Wie viel Cent bekommt er zurück?

✿ 7 Immer 50 Cent. Lege und zeichne.

4. Wechseln von Euro in Cent. 5, 6 Mit Rechengeld legen und mündlich lösen. 7 Mit Rechengeld legen und zeichnen. Weiterführung und Vertiefung: Selbstbestimmtes Verbraucherverhalten.

(P, K, A, D) → Arbeitsheft, Seite 84

137

Zehner und Einer

Als die Menschen noch keine Zahlen kannten, nahm ein Hirte ein Stück Holz, wenn er seine Schafe zählen wollte. Für jedes Schaf schnitt er eine Kerbe ein.

Heute werden Zahlen verwendet.

Z	E
Zehner	Einer
2	6

20 6
26

Z	E
Zehner	Einer

1 Wie viele Zehner sind es, wie viele Einer sind es?

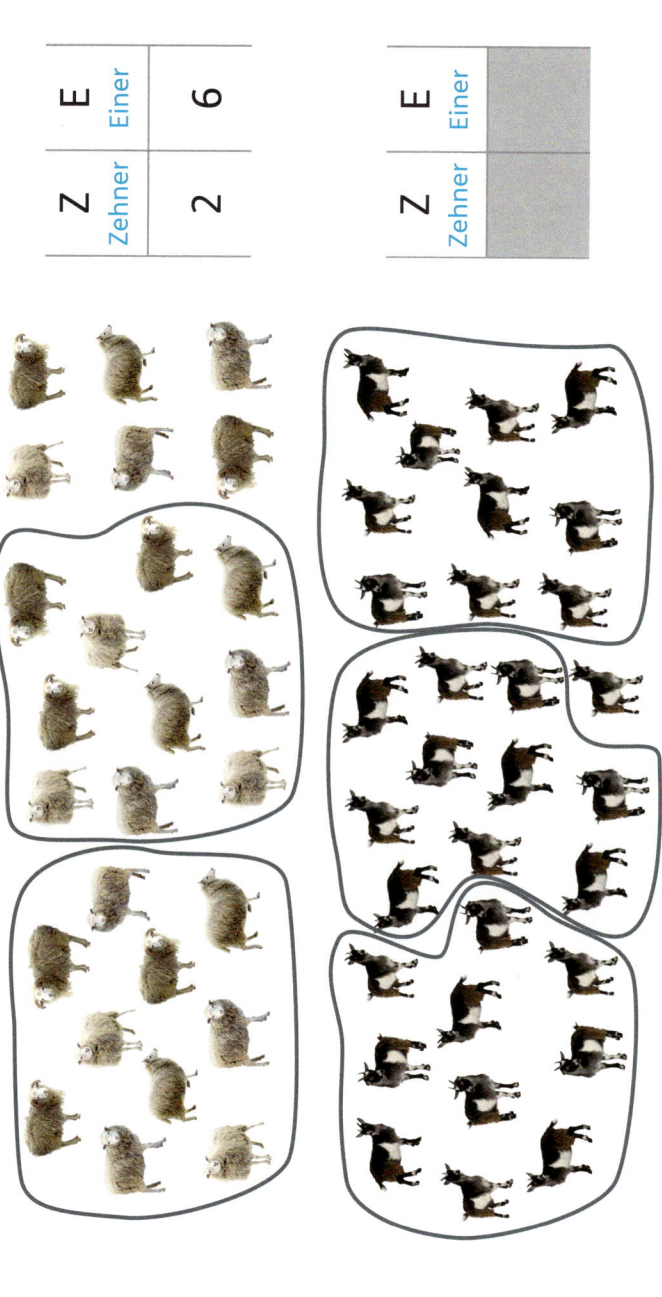

2 Wie viele Zehner sind es, wie viele Einer sind es?

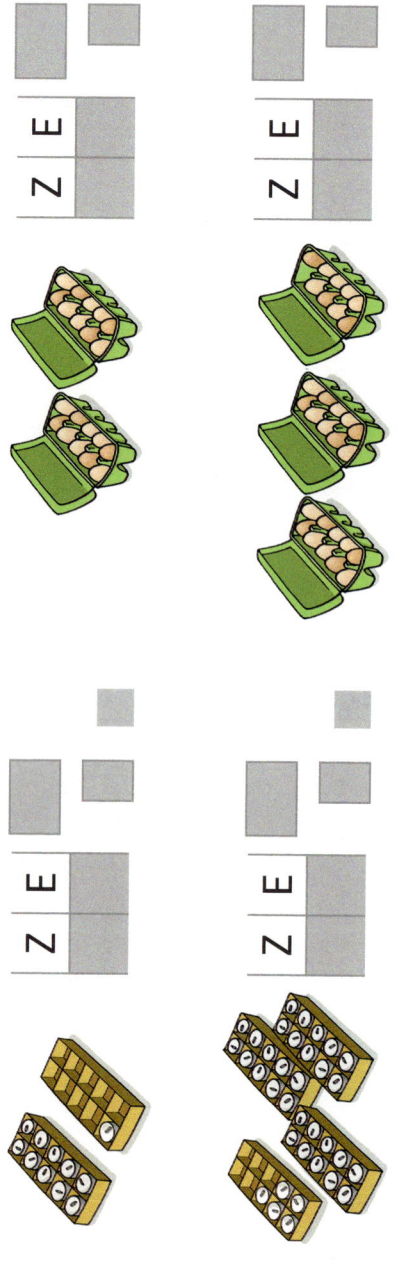

Z	E

Z	E

Z	E

Z	E

Text lesen und dazu erzählen; Vorteile und Nachteile der Zählmethode besprechen. **1** Anzahl der Zehner und Einer bestimmen und notieren. Nutzen des Zehners als größere Zähleinheit („Zehnerpack") bewusst machen. **2** Zehner und Einer bestimmen und in die Stellenwerttafel eintragen.

■ (K, D) → Arbeitsheft, Seiten 85, 86

3 Wie viele Zehner sind es? Wie viele Einer sind es?

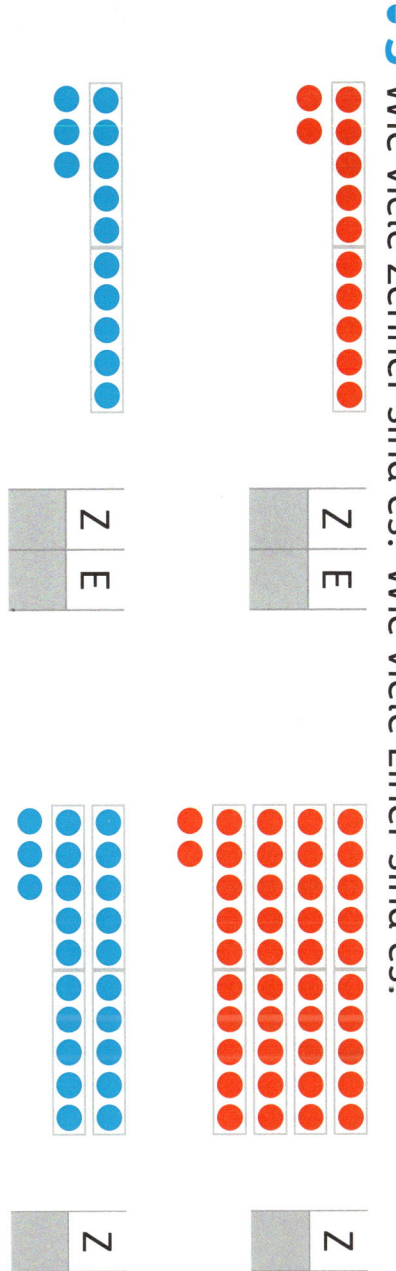

4 Wie viele Zehner sind es? Wie viele Einer sind es?

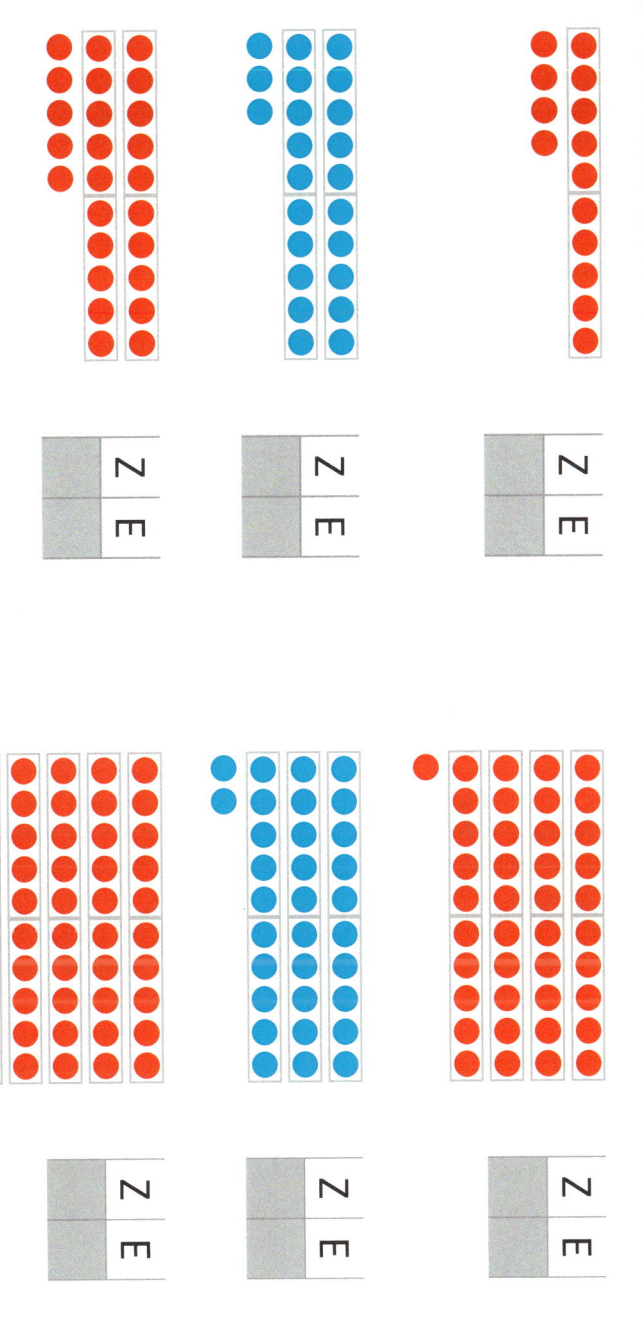

3, 4 Anzahlen der Zehner und Einer bestimmen. Evtl. mit Zehnerstreifen und Plättchen nachlegen. Kinder auf entsprechende Darstellung im kleinen Hunderterfeld unten neben der Seitenzahl im Schulbuch hinweisen.

■ (K, D) → Arbeitsheft, Seiten 85, 86

139

Bald ist Weihnachten

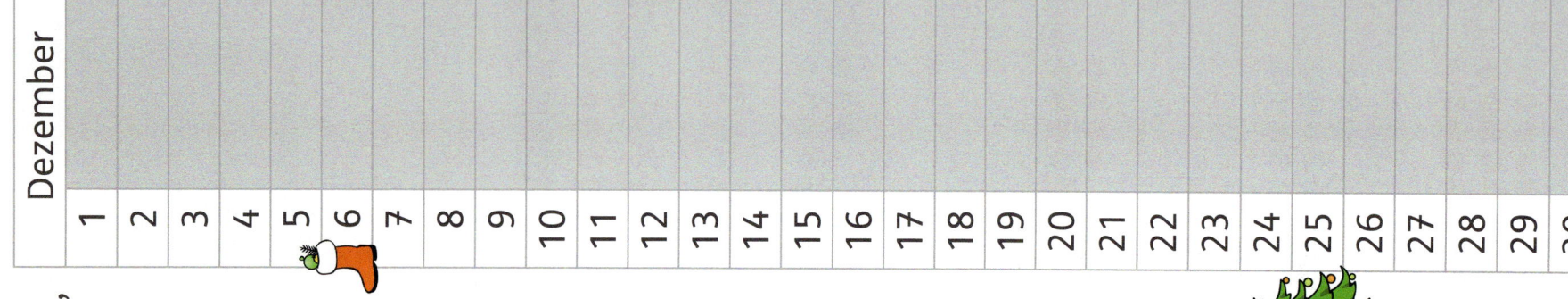

Dezember	
1	
2	
3	
4	
5	
6	
7	
8	
9	
10	
11	
12	
13	
14	
15	
16	
17	
18	
19	
20	
21	
22	
23	
24	
25	
26	
27	
28	
29	
30	
31	

1 Trage in einen Kalender ein: Nikolaus, Heiligabend, 1. Weihnachtstag, 2. Weihnachtstag, Silvester.

2 Male die Adventssonntage rot an.

3 Male alle Ferientage blau an.

4 Am 4. Dezember ist St. Barbaratag.

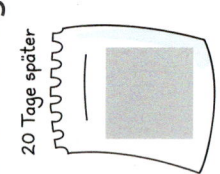

20 Tage später

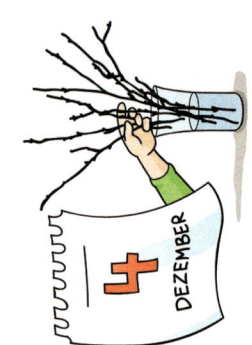

Wann blühen sie?

5 Leo, Ina und Ben spielen beim Krippenspiel die Heiligen Drei Könige.
Welche Rollenverteilungen sind möglich?

Caspar	Melchior	Balthasar
Leo	Ina	Ben
Leo	Ben	Ben

1–3 Kalenderblatt besprechen. Unterschied *Tag, Woche, Monat, Jahr* klären. Wichtige Tage (z. B. Adventssonntage) eintragen. Feiertage anderer Religionen, Geburtstage in der Klasse etc. ergänzen. **4** Eigene Zweige von Obstbäumen aufstellen. **5** Verteilung der Rollen finden lassen. Vorgehensweisen vergleichen.

(P, K, A, M) → Arbeitsheft, Seite 87

6

Nimm ein Quadrat. Falte Ecke auf Ecke. Falte auf die Diagonale. Falte Seite auf Seite.

Schneide gleich weit.

7

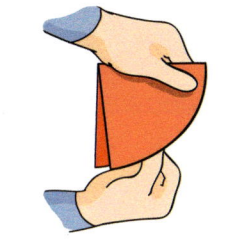

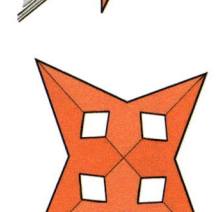

8
Max bastelt 3 Sterne.
Ina bastelt **doppelt so viele**.
Wie viele Sterne bastelt Ina?

Max:
Ina: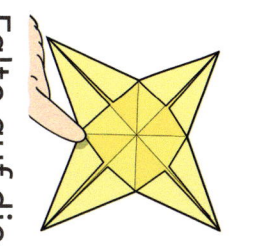

9
Leo bastelt 4 Sterne. Er bastelt **halb so viele** Sterne wie Ben.
Wie viele Sterne bastelt Ben? Wie viele Sterne basteln sie **zusammen**?

10
Anna und Till basteln Sterne. Anna bastelt **doppelt so viele** Sterne wie Till. **Zusammen** basteln sie 15 Sterne.
Wie viele Sterne bastelt Anna, wie viele Sterne bastelt Till?

11
Eva bastelt 6 Sterne. Marta bastelt nur **halb so viele** Sterne. Eric bastelt 4 Sterne **mehr** als Eva. Wie viele Sterne basteln sie **zusammen**?

12

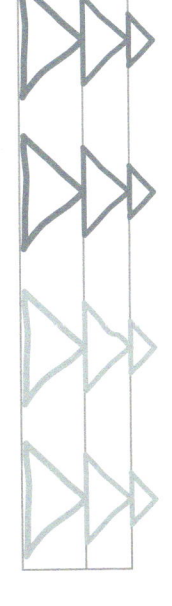

Bald ist Ostern

Osterhäschen, komm zu mir,
komm in unseren Garten!
Bring uns Eier, zwei, drei, vier,
lass uns nicht so lange warten!
Leg' sie in das grüne Gras,
lieber, guter Osterhas!

Volksgut

1 Immer 2 Eier im Nest.

Es fehlen noch 2 Nester.

2 Immer 3 Eier im Nest.

Es fehlen noch 4 Nester.

3 Lege immer 4 Eier in ein Nest.
Wie viele verschiedene Nester findest du?

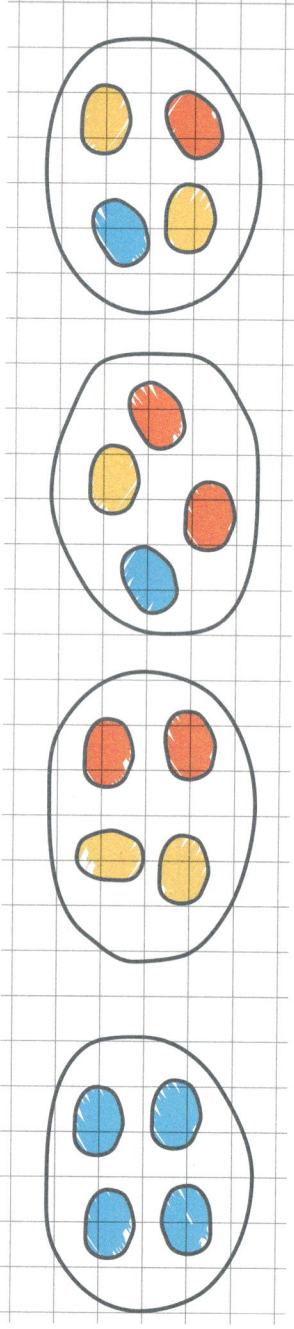

1, 2 Nach verschiedenen Möglichkeiten suchen, 2 bzw. 3 Eier in den Nestern zusammenzustellen. 3 Weitere Möglichkeiten finden, ordnen und auf Vollständigkeit prüfen. Es gibt 15 verschiedene Nester.

(P, K, A, D)

142

● **4** Spielt „Nester raten".
4 Eier sind im Nest versteckt. Es sind rote und blaue Eier.
Wie viele sind rot? Wie viele sind blau?

Schon wieder rot.

Rot kommt fast so oft wie blau.

● **5** Spielt „Nester raten" mit 3 Nestern.

● **6** Wählt eigene Nester.

● **7** Welches Nest vermutest du in welchem Sack? Begründe.
Was ist **sicher, möglich** und **unmöglich**?

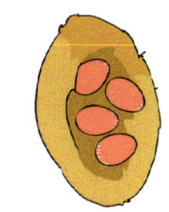
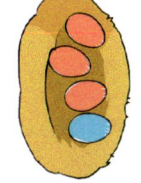
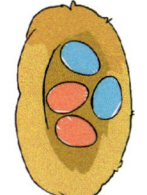
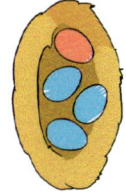
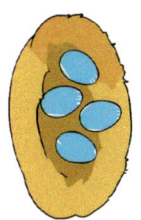

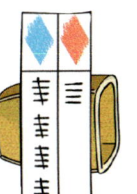
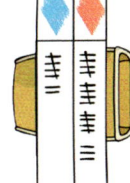
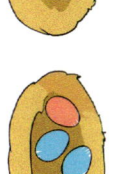

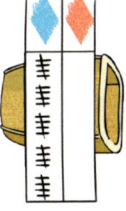
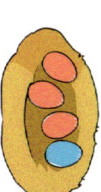

✿ **8** Spielt „Nester raten" mit 3 Nestern und 3 Farben.

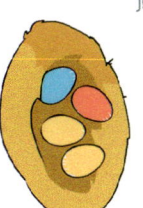

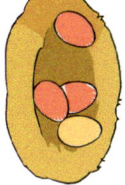

Zufallsexperiment, „Ziehen mit Zurücklegen" am Beispiel besprechen. **4** Spielregeln für „Nester raten" klären. Strichlisten anfertigen und Vermutungen über die Nester entwickeln. Vermutungen überprüfen. Begriffe wahrscheinlich und unwahrscheinlich nutzen. Weiterführung und Vertiefung: Haushaltsführung.
■ (P, K, A, D)

143

Quellennachweis

Adam, Martin, Berlin, **137.5**; Assies, Juliane, Berlin, **IV1**; **4.1**; **5.1**; **6.1**; **6.2**; **6.3**; **6.4**; **6.5**; **6.6**; **6.8**; **6.9**; **6.10**; **6.11**; **6.12**; **7.1**; **7.2**; **7.4**; **7.5**; **7.6**; **7.7**; **7.8**; **7.10**; **7.12**; **7.13**; **8.1**; **9.1**; **12.2**; **12.3**; **12.4**; **12.5**; **13.28**; **13.41**; **15.1**; **15.2**; **15.3**; **15.4**; **16.1**; **16.3**; **17.1**; **17.2**; **17.3**; **17.4**; **18.1**; **18.9**; **18.10**; **20.1**; **20.3**; **21.1**; **21.2**; **21.15**; **21.21**; **21.23**; **21.29**; **21.36**; **23.7**; **24.1**; **24.3**; **25.1**; **26.1**; **26.2**; **26.3**; **27.2**; **27.4**; **27.5**; **28.1**; **29.1**; **30.1**; **30.2**; **31.1**; **31.43**; **31.44**; **32.1**; **33.1**; **34.1**; **34.2**; **35.1**; **36.3**; **36.4**; **36.6**; **37.1**; **38.1**; **38.6**; **38.7**; **38.8**; **38.9**; **39.1**; **39.2**; **40.2**; **40.4**; **41.1**; **41.2**; **41.3**; **42.1**; **42.2**; **42.3**; **42.4**; **43.1**; **43.2**; **43.9**; **43.10**; **45.2**; **45.3**; **46.1**; **47.9**; **47.11**; **47.12**; **47.13**; **47.14**; **48.1**; **48.2**; **50.1**; **50.2**; **50.4**; **51.2**; **52.11**; **52.35**; **53.1**; **53.7**; **53.12**; **53.13**; **53.14**; **53.15**; **53.16**; **54.1**; **54.2**; **55.1**; **55.2**; **55.3**; **55.4**; **56.1**; **57.1**; **59.2**; **60.2**; **60.5**; **61.1**; **61.4**; **62.1**; **62.2**; **63.1**; **64.1**; **65.1**; **65.1**; **67.1**; **67.4**; **68.1**; **69.1**; **69.2**; **69.3**; **70.1**; **72.1**; **74**; **74.1**; **74.2**; **75.1**; **75.8**; **76.1**; **76.3**; **77.1**; **77.2**; **77.3**; **78.1**; **78.2**; **78.3**; **80.2**; **80.3**; **80.4**; **80.5**; **81.3**; **81.4**; **82.1**; **82.2**; **82.3**; **82.4**; **82.5**; **83.1**; **83.2**; **83.3**; **84.1**; **84.2**; **84.3**; **84.4**; **85.1**; **86.1**; **87.1**; **87.2**; **87.3**; **88.2**; **88.3**; **88.4**; **89.1**; **89.2**; **89.3**; **90.1**; **91.1**; **91.2**; **92.1**; **93.1**; **93.2**; **93.7**; **94.2**; **94.4**; **95.1**; **95.2**; **96.1**; **96.2**; **97.1**; **97.2**; **98.1**; **99.1**; **99.2**; **100.2**; **100.3**; **100.4**; **100.6**; **101.1**; **101.2**; **101.3**; **101.4**; **101.5**; **102.1**; **103.1**; **106.1**; **107.1**; **107.3**; **107.5**; **107.6**; **108.1**; **108.3**; **108.4**; **108.5**; **109.1**; **109.4**; **109.6**; **109.8**; **109.10**; **109.11**; **110.1**; **111.1**; **111.2**; **111.3**; **111.4**; **113.1**; **113.3**; **114.6**; **114.7**; **116.1**; **117.2**; **117.3**; **119.1**; **120.3**; **120.4**; **120.6**; **121.2**; **121.14**; **122.1**; **122.3**; **123.1**; **123.2**; **123.3**; **123.4**; **123.5**; **123.7**; **124.1**; **126.1**; **126.2**; **126.3**; **126.6**; **127.1**; **127.2**; **127.5**; **127.7**; **127.10**; **127.11**; **127.13**; **127.15**; **127.16**; **128.27**; **128.33**; **129.1**; **129.3**; **129.4**; **129.5**; **129.6**; **129.7**; **129.8**; **129.9**; **129.10**; **129.11**; **129.12**; **129.13**; **129.14**; **129.15**; **129.16**; **129.17**; **130.1**; **130.2**; **130.3**; **130.4**; **131.1**; **131.2**; **131.3**; **131.5**; **131.6**; **131.8**; **131.9**; **132.1**; **132.2**; **132.3**; **132.4**; **133.1**; **133.2**; **133.3**; **133.4**; **133.5**; **134.2**; **134.3**; **134.5**; **135.2**; **135.3**; **135.4**; **137.6**; **137.15**; **138.2**; **138.60**; **138.61**; **138.63**; **138.64**; **138.65**; **138.66**; **139.2**; **139.3**; **140.2**; **140.3**; **140.7**; **140.8**; **141.1**; **141.2**; **141.3**; **141.4**; **141.5**; **141.6**; **141.7**; **142.1**; **142.2**; **142.3**; **143.2**; **143.6**; **143.7**; **143.17**; **143.29**; **143.30**; Christian Günther Fotodesign, Leipzig, **23.1**; **23.8**; **80.1**; **138.21**; **138.29**; **138.42**; **138.44**; Citak, Angelika, Wipperfürth, **134.1**; **134.4**; David Ausserhofer, Wandlitz, **11.1**; Fotolia.com, New York (Anthony Shaw), **4.6**; (Eric Isselée), **138.57**; **138.58**; **138.59**; (foto-aldente), **138.1**; (Harald Biebel), **46.2**; (MilsiArt), **10.9**; (Pavel Losevsky), **10.1**; (Roman Motizov), **47.1**; (rufar), **14.3**; **14.4**; **14.6**; **14.7**; **14.8**; **14.9**; **14.10**; **14.11**; **14.12**; **14.13**; **14.14**; (snipergraphics), **47.7**; (taddle), **46.8**; (thongsee), **4.2**; (Tim UR), **4.3**; (tr3gi), **4.9**; (viperagp), **46.5**; (yurchello108), **46.7**; Hath, Jessica Alice, Horben, **Cover**; Klett-Archiv, Stuttgart, **23.2**; **23.4**; **23.5**; **52.2**; **52.4**; **53.10**; **109.3**; **137.1**; **137.2**; **137.14**; **143.28**; (Klett Archiv), **75.7**; Picture-Alliance, Frankfurt (bildagentur-online.com), **73.1**; ShutterStock.com RF, New York, NY (Ann Louise Hagevi), **47.4**; (ARudolf), **46.3**; (Cheryl Casey), **10.4**; (dnd-project), **47.6**; (Giuseppe R), **10.6**; (imacoconut), **4.7**; (jakkapan), **47.3**; (Konstantin Faraktinov), **58.1**; (oksana2010), **46.4**; (Olga Nayashkova), **47.8**; (Robert Przybysz), **10.5**; (Sergei Bachlakov), **73.3**; (Undergroundarts.co.uk), **58.4**; (ZouZou), **10.2**; stock.adobe.com, Dublin (Eric Isselée), **23.6**; Susanne Della Giustina, Leipzig, **58.2**; **58.5**; Thinkstock, München (Hemera), **58.3**; (JensGade), **10.8**; (kaewphoto), **10.10**; (Kung_Mangkorn), **94.1**; (Serg_Velusceac), **47.2**; (Thomas Northcut), **4.3**; (Ullver), **10.7**; (Yurchello108), **46.6**; (zts), **58.6**; ullstein bild, Berlin (CHROMORANGE / AGF CREATIVE), **73.2**; URW, Hamburg, **4.5**; 123rf Germany, c/o Inmagine GmbH, Nidderau (Ilya Andriyanov), **10.3**; (Ivan Mikhaylov), **4.10**; (Nataliia Kravchuk), **4.8**; (server), **46.9**; **47.5**

Euro-Banknoten: © Europäische Zentralbank Frankfurt

1. Auflage

Alle Drucke dieser Auflage sind unverändert und können im Unterricht nebeneinander verwendet werden.
Die letzte Zahl bezeichnet das Jahr des Druckes.
Das Werk und seine Teile sind urheberrechtlich geschützt. Jede Nutzung in anderen als den gesetzlich zugelassenen Fällen bedarf der vorherigen schriftlichen Einwilligung des Verlages. Hinweis § 60a UrhG: Weder das Werk noch seine Teile dürfen ohne eine solche Einwilligung eingescannt und in ein Netzwerk eingestellt werden. Dies gilt auch für Intranets von Schulen und sonstigen Bildungseinrichtungen. Fotomechanische oder andere Wiedergabeverfahren nur mit Genehmigung des Verlages.

1 6 5 4 3 2 | 26 25 24 23 22

© Ernst Klett Verlag GmbH, Stuttgart 2021. Alle Rechte vorbehalten. www.klett.de
Das vorliegende Material dient ausschließlich gemäß § 60b UrhG dem Einsatz im Unterricht an Schulen.

Autoren der Ausgabe Bayern 2021: Marcus Nührenbörger, Coesfeld; Ralph Schwarzkopf, Westerstede; Melanie Bischoff, Bochum; Daniela Götze, Anröchte; Birgit Heß, Unna
Autoren des Zahlenbuchs: Erich Ch. Wittmann, Dortmund; Gerhard N. Müller, Bad Bentheim
Berater: Antje Born, München; Kathrin Ettner, München; Elisabeth Gaigl, Augsburg; Jeannette Heißler, Reicherschwand; Ina Herklotz, Cadolzburg; Gabriele Klenk, Schwabach; Erika Pfeffer, Freystadt; Carsten Stranz, Bergrheinfeld; Ingrid Weigand, Augsburg

Entstanden in Zusammenarbeit mit dem Projektteam des Verlages.

Layout: Koma Amok, Stuttgart
Titelbild: Jessica Hoth, Freiburg
Satz: Alexander Della Giustina, Leipzig
Druck: Himmer GmbH Druckerei, Augsburg

Printed in Germany
ISBN 978-3-12-202440-6

Das Zahlenbuch bietet

- sichere Einführung aller mathematischen Inhalte
- ausgewiesene Differenzierung
- wiederkehrende Aufgabenformate
- regelmäßige Rückblick-Seiten
- regelmäßige Seiten zu Forschen und Finden
- Einführung aller Blitzrechenübungen

ISBN 978-3-12-202440-6

14	15	16	17	18	19
7	8	9	10	11	12
0	1	2	3	4	5

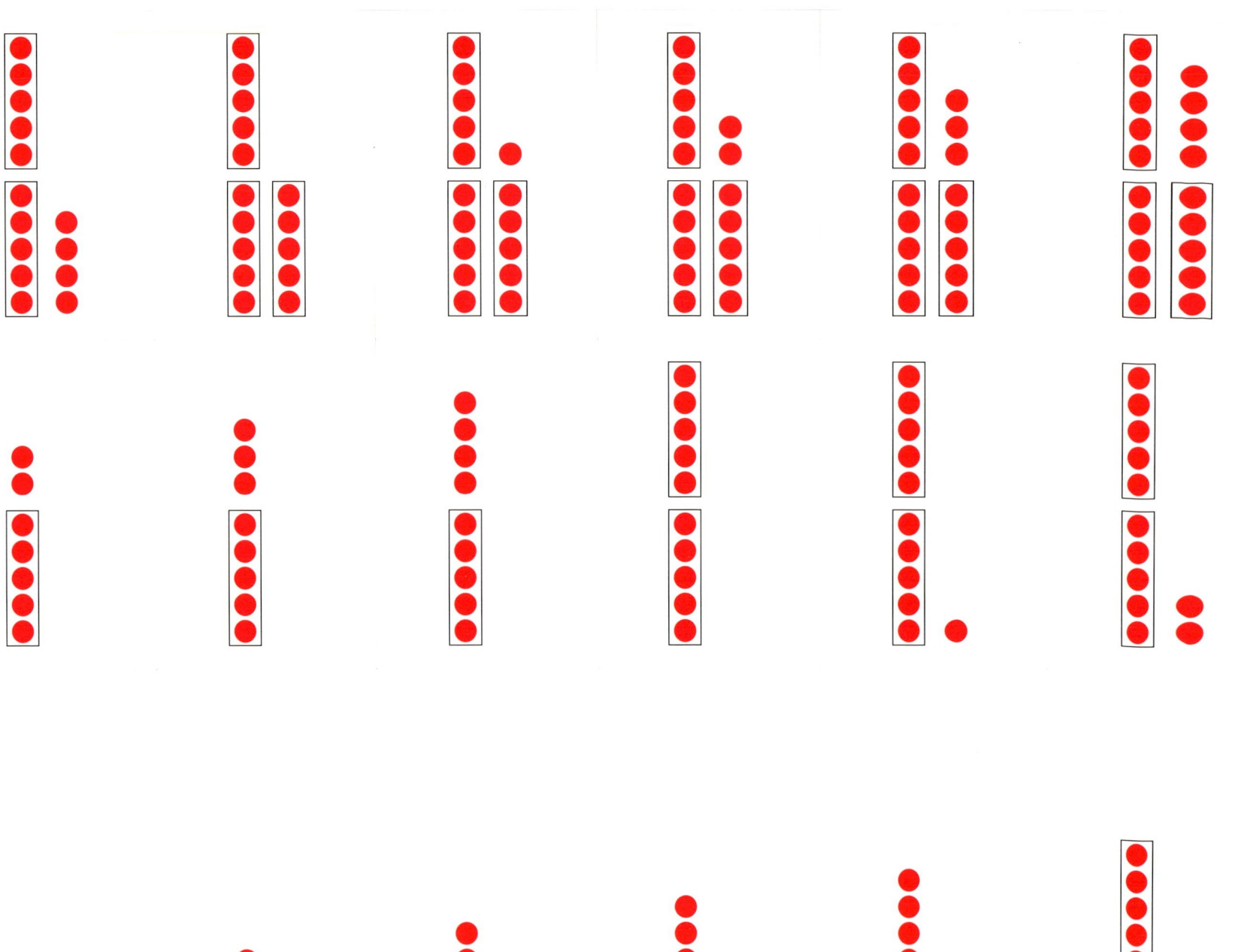